困ったときに役立つ！

すぐにもらえる

お金

使える

サービス

社会
保障
活用ガイド

著・監修 **溝口知実** 特定社会保険労務士・
ファイナンシャルプランナー

自由国民社

はじめに

　新型コロナウイルスの影響で、外出自粛や活動の制限など、これまで当たり前にできたことができなくなり、私たちの日常は一変しました。さらに、収入の減少、失業などで生活に困窮する人が急増しました。働く世代はもちろん、高齢世代まで、多くの人が将来的な不安を抱えながら生活する時期を過ごしています。

　ある日突然、当たり前の日常が当たり前でなくなる——これは誰にでも起こりえます。例えば病気、ケガ、失業、介護、死亡など、いきなり生活が困難になる場合があります。このような場合に備え、日本には年齢や収入などによってさまざまな社会保障制度があります。社会保障とは私たちの生活を最終的に守ってくれるセーフティネットです。

　具体的には失業、貧困、病気、ケガ、出産、老齢、介護、死亡などにより生活の安定が損なわれたときに、国や地方公共団体から公的サービスが受けられます。日本には他の国に負けない多くの公的サービスがあります。

　例えば、働く世代では、仕事が原因でケガや病気になってしまったときは労災保険からの給付を受けられます。リストラなどで失業した場合は雇用保険から失業手当を受けたり、新しい仕事のための訓練の給付を受けることができます。仕事以外のケガや病気には公的医療保険からの給付や、医療費の自己負担額を一定程度まで抑えられる高額療養費の制度もあります。子育て世代には、出産、育児に関しての給付もあります。高齢になり一定の年齢になると公的年金が受けられます。介護状態に該当すると介護保険から介護サービスが受けられます。さらに、生活困窮の場合には、生活保護などの公的扶助があります。また、

障害のある人へは障害者手帳の交付や福祉サービスの提供、失業や社宅の廃止などで住宅を失った人や持ち家のない人などへの住宅保障も社会保障の大きな役割です。

　しかし、残念ながら日本の社会保障制度は申請主義のため、何もせずに自動的に公的なサービスが受けられるわけではありません。自分から手続きをすることが必要です。

　国や地方公共団体も一定の広報活動は行っていますが、なかなかわかりづらいものが多いようです。知っていれば申請できたのに、知らなかったために申請できずサービスが利用できなかったという経験をした人が多いのも現状ではないでしょうか。

　そこで本書では、具体的に、困っている場面ごとに受けられるサービスや手続きについてわかりやすくまとめました。最初から読んでいただくだけでなく、今、自分に必要な部分や、これからの自分に関して興味のある部分からお読みいただいてもいいように、その章ごとにその項目の制度を解説しています。また、いま現実的に困っている人向けの項目を多く取り上げ、それらの項目には「困っている‼」というマークで表示しています。

　多くの方が困っている今だからこそ、社会保障を正しく理解して活用することが重要です。本書は、そうしたニーズにお応えするための社会保障のガイドブックです。本書をお読みいただいた方が困っている現実を少しでも解消でき、安心して生活を送ることができる手助けになることができたら幸いです。

特定社会保険労務士　溝口知実

困ったときに役立つ
すぐにもらえるお金と使えるサービス 社会保障活用ガイド

第4章 子育てに役立つサービス　　81

第5章 住まいに困っている人へのサービス 103

第6章 障害があったときのサービス 121

●障害者手帳

●障害者福祉

●障害年金

第7章 高齢者で介護が必要になったときのサービス 147

●介護保険料

●介護保険の利用

第8章 生活を支援する年金制度　183

第1章

生活と仕事をまもるサービス

労働者災害補償保険・雇用保険

業務中や通勤によるケガ・病気・死亡は労災保険から補償がある

| 対象 | すべての労働者 | 制度 | 労災保険 |

労災保険とは、業務上の理由または通勤による労働者のケガ・病気・障害または死亡に対して、必要な保険給付が行われる制度です。

労災保険とは	・労災保険とは、労働者が業務中や通勤途中での事故が原因でケガ、病気、障害あるいは死亡した場合に、労働者やその遺族の生活を補償するため必要な保険給付を行う国の保険制度。 ・保険料は全額会社が負担するため労働者の負担はない。
労災保険の対象者	・正社員、契約社員、パート、アルバイト、派遣社員、日雇等、名称や雇用形態を問わず、すべての労働者が労災保険の対象となる。
業務災害と通勤災害	・労災保険は「**業務災害**」と「**通勤災害**」に分けられる。 ・「業務災害」とは、業務上でのケガや病気、障害や死亡をいい、業務と傷病等に一定の因果関係がある。そのため、業務時間内であっても、業務に関係のない私的な行為によるケガや、故意によるケガ等は該当しない。 ・「通勤災害」とは、職場と家との往復など通勤途中の事故による災害。ただし、通常の通勤経路を寄り道した場合は原則通勤災害とは認められない（日用品の購入など日常生活上必要最小限度の場合は除く）。
申請方法	・給付の種類に応じた請求書を作成し事業所管轄の労働基準監督署に提出。ただし労災指定病院で現物給付（療養補償給付等）を受ける場合は医療機関を経由する。健康保険証は使用できない。

●労災保険給付の種類

こんなとき	保険給付の種類	保険給付の内容	特別支給金の追加支給
治療を受けるとき	療養（補償）給付	必要な療養費の全額が支給される 労災指定病院等：療養の給付 （現物給付） 労災指定病院等以外：療養の費用	―
労働することができず、賃金を受けられないとき	休業（補償）給付	休業4日目から、休業1日につき給付基礎日額の60%（さらに休業特別支給金として給付基礎日額の20%）	有
療養開始後1年6カ月経過しても治っていないとき	傷病（補償）年金	障害の程度に応じ、年金が支給される	有
傷病が治った後に障害が残ったとき	障害（補償）給付	障害の程度に応じ、障害（補償）年金（障害等級1級～7級）または障害（補償）一時金（8級～14級）が支給される	有
障害により常時または随時介護を受けているとき	介護（補償）給付	介護の費用として支出した額が支給される（上限あり）	―
死亡したとき	遺族（補償）給付	遺族特別支給金（一時金）の300万円の他、遺族（補償）年金または遺族（補償）一時金が支給される	有
	葬祭料（葬祭給付）	死亡した人の葬祭を行う人に給付が行われる	―
健康診断の結果、脳・心臓疾患の項目に異常の所見があるとき	二次健康診断等給付	二次健康診断及び特定保健指導	―

※業務災害による給付は「～補償給付」（例：休業補償給付）、通勤災害による給付は「～給付」（例：休業給付）という。
※特別支給金とは、通常の給付に上乗せされる給付のことをいう。

●業務災害で休業した場合に支給される額

休業補償給付 給付基礎日額 × 60% × 休業4日目からの休業日数

＋

休業特別支給金 給付基礎日額 × 20% × 休業4日目からの休業日数

※給付基礎日額とは、傷病発生日の直前3カ月間の1日あたりの賃金額（賞与は除く）

過労死や精神障害も
労災保険の補償の対象になる

| 対象 | すべての労働者 | 制度 | 労災保険 |

仕事上の過重労働を原因とした脳疾患、心臓疾患、精神障害も認定基準に該当すれば労災保険の補償の対象となります。

過労死とは	・長時間労働など仕事上の過重な負荷がかかり脳血管疾患や心筋梗塞症などの心臓疾患を発症して死に至ることを過労死という。 ・仕事上強い心理的ストレスを受け、うつ病などの精神障害を発病し自殺に至ることを過労自殺という。 ・過労死や過労自殺が労災に該当するかは、厚生労働省の認定基準により判断される。 ・死亡には至らないが、業務の過重な負荷により脳血管疾患や心臓疾患、精神障害を発症した場合にも基準を満たせば労災が適用される。
脳血管疾患・心疾患の労災認定基準	・脳血管疾患・心疾患は、日常生活や遺伝などにより徐々に進行し発症するが、仕事が特に過重であったために自然の経過を超えて発症することがある。このような場合に、業務による明らかな過重負荷が疾患の有力な原因であると判断されれば、労災認定される。
精神障害の認定基準	・うつ病・統合失調症等の精神障害が労災認定されるには、業務による強い心理的負荷（ストレス）があったと判断されることが重要。心理的負荷となるものには、仕事中における事故や災害の体験、仕事上の重大なミス、過剰なノルマ、退職の強要、パワハラ・セクハラ、長時間労働などが挙げられる。
申請方法	・事業所管轄の労働基準監督署に請求書を提出。

過労死等で死亡した場合
遺族補償年金 または **遺族補償一時金** が遺族に支給される

●遺族補償年金が支給される遺族の範囲と優先順位

・妻、または60歳以上か障害のある夫
・18歳になって最初の3月31日になるまで、または障害がある子
・60歳以上か障害のある父母
・18歳になって最初の3月31日になるまで、または障害がある孫
・60歳以上か障害のある祖父母
・18歳になって最初の3月31日になるまで、または障害がある兄弟姉妹
以下、55歳以上60歳未満の夫、父母、祖父母、兄弟姉妹の順（支給は60歳から）

●遺族補償年金の額

遺族の数	遺族補償年金	遺族特別支給金	遺族特別年金
1人	給付基礎日額の153日分※	300万円（一時金）	算定基礎日額の153日分※
2人	給付基礎日額の201日分		算定基礎日額の201日分
3人	給付基礎日額の223日分		算定基礎日額の223日分
4人以上	給付基礎日額の245日分		算定基礎日額の245日分

※55歳以上の妻または障害のある妻の場合は175日分
※遺族補償年金の額は、「遺族補償年金」「遺族特別支給金」「遺族特別年金」の合計になります。

●遺族補償一時金の額（遺族補償年金の要件に該当しない遺族に支給される）

遺族補償一時金	遺族特別支給金	遺族特別一時金
給付基礎日額の1000日分	300万円（一時金）	算定基礎日額の1000日分

・給付基礎日額とは、事故発生直前3カ月間の賃金を平均した日額のこと
・算定基礎日額とは、事故発生直前1年間のボーナス÷365日
※遺族補償一時金の額は、「遺族補償一時金」「遺族特別支給金」「遺族特別一時金」の合計になります。

ケガや病気が治った後も、社会復帰に向けてアフターケアが受けられる

対象 すべての労働者　制度 労災保険

仕事または通勤によるケガや病気が治った後も、再発や後遺障害に伴う新たな病気を防ぐため、労災保険からアフターケアが受けられます。

アフターケア制度とは	・仕事上または通勤途上でケガや病気をした人が、そのケガや病気が治った※後も、再発や後遺障害に伴う新たな病気の発症を防ぐため、診察や保健指導、検査などのアフターケアを無料で受けられる労災保険の制度。 ・労働者が円滑な社会生活を営み、社会復帰をサポートすることを目的としている。 ※労災保険では、「治った」とは、完全な回復だけでなく、症状が安定し、治療をしてもそれ以上改善が期待できない状態を含む（足を切断し処置を施し症状が落ち着いたがこれ以上治療しても改善しない場合等）
対象となるケガや病気・対象者	・対象となるケガや病気は、せき髄損傷など20傷病。 ・対象となるケガや病気ごとに障害等級などの基準に該当した人を対象者の要件としているが、医師が必要と認めた場合は、障害等級の条件を満たしていなくても対象となる場合がある。
アフターケアを受けるための手続き	・アフターケア制度を受けるためには、勤め先の事業所を管轄する労働局に「**健康管理手帳**」の交付を申請し、労働局の審査を受ける必要がある。 ・申請は、ケガや病気が治った日の翌日から可能だが、ケガや病気ごとに2年間または3年間と申請期限が定められているので注意が必要。 ・ただし、せき髄損傷、人工関節・人工骨頭置換等、アフターケアを必要とする期間に定めがない傷病についてはいつでも申請可能。

アフターケアを受けるための手続き	・審査が通ると「健康管理手帳」が交付され、労災保険指定医療機関に健康管理手帳を提示して無料のアフターケアが受診できる。
健康管理手帳の更新	・健康管理手帳には、対象となるケガや病気ごとに有効期限が設けられているため、更新時期には忘れず手続きを行う必要がある。

●アフターケアの対象となるケガや病気

- ・せき髄損傷
- ・頭頸部外傷症候群等（頭頸部外傷症候群、頸肩腕障害、腰痛）
- ・尿路系障害
- ・慢性肝炎
- ・白内障等の眼疾患
- ・振動障害
- ・大腿骨頸部骨折及び股関節脱臼・脱臼骨折
- ・人工関節・人工骨頭置換
- ・慢性化膿性骨髄炎
- ・虚血性心疾患等
- ・尿路系腫瘍
- ・脳の器質性障害
- ・外傷による末梢神経損傷
- ・熱傷
- ・サリン中毒
- ・精神障害
- ・循環器障害
- ・呼吸機能障害
- ・消化器障害
- ・炭鉱災害による一酸化炭素中毒

ハローワークは
こんなに役立つところ

| 対象 | すべての働く人 | 制度 | 雇用保険 |

ハローワークは就職を希望するすべての人へ就労支援を行う国の機関
でさまざまなサービスを提供しています。

ハローワーク とは	・ハローワークとは、正式には公共職業安定所といい、職業紹介、雇用保険、雇用対策などの業務を一体的に実施している。 ・国により運営され、就職を希望するすべての人への就労支援を無料で行っている。
ハローワーク が提供する 求職者への 支援	・就職（転職）についての相談・指導 ・適性や希望にあった職場への職業紹介 ・基本手当などの雇用保険の給付 ・職業訓練の案内　など
ハローワーク の利用方法	・ハローワークを利用するには、最初に「**求職申込み**」をする必要がある。求職申込みをすることで、求人検索・就職相談・セミナー、職業訓練の受講等のサービスが受けられる。
ハローワーク インターネット サービスの 活用	・ハローワークインターネットサービスで求職申込み情報の仮登録ができる（正式な申込みには、ハローワークに来所の必要がある）。 ・「ハローワークインターネットサービス」は求人情報の検索・閲覧ができ、だれでも利用可能。ただし求職登録をすることでより多くの情報を見ることができる。
専門支援窓口	・マザーズハローワークや新卒応援ハローワークなど、利用者の属性や特性にあわせたさまざまな専門的な支援窓口が設置されている。

●求職申込み手続きの流れ

> | ハローワーク内のパソコン（検索・登録用端末）で求職申込み情報を入力（仮登録）する
※「求職申込書」（筆記式）も用意されている | 自宅のパソコンやスマートフォンからハローワークインターネットサービスにアクセスし求職申込み情報を入力（仮登録）する

※入力完了後14日以内にハローワークへ |
> | --- | --- |

> **窓口で申込み手続きを行う**（申込み内容や希望条件の確認など）

> **求職申込み受付完了**（ハローワーク受付票を交付）

> （希望する場合）
求職者マイページを開設する

> **職業相談、求人情報の提供、応募書類の作成アドバイス、職業紹介などの各種サービスが利用できる**

●ハローワークの専門支援窓口

ハローワークプラザ	都市部の駅前や商業施設などアクセス便利な場所にあるハローワークの出先機関。
マザーズハローワーク・マザーズコーナー	子育てをしながら就職を希望している人に対して、担当者制による職業相談、仕事と子育ての両立がしやすい求人情報の提供等を行う。
新卒応援ハローワーク	大学院・大学・短大・高専・専修学校などの学生や、卒業した人を対象に、就職相談、面接指導、就職面接会などを実施。
わかものハローワーク・わかもの支援コーナー・わかもの支援窓口	正社員就職を目指すフリーターなどを対象に、担当者制の個別支援による正規雇用に向けた就職プランの作成、職業相談・職業紹介等を実施。
ふるさとハローワーク（地域職業相談室）	ハローワークが設置されていない地域に設置。国と市区町村が共同で運営し、求人情報の検索や職業相談・職業訓練の紹介等を実施。
人材確保対策コーナー	福祉（介護、医療、保育）、建設、警備、運輸等への就職を検討している人への支援を実施。
生涯現役支援窓口	シニア世代（再就職などを目指す概ね60歳以上の人）を対象とした窓口。特に65歳以上の人を重点的に支援。

雇用保険はこんなに給付金や手当がある（雇用保険の体系）

| 対象 | すべての働く人 | 制度 | 雇用保険 |

雇用保険とは、従業員の雇用の安定や促進を目的とした公的な保険制度で、さまざまな給付金があり働く人を支援しています。

雇用保険とは	・雇用保険とは、労働者が失業した場合などに必要な給付を行い、労働者の生活や雇用の安定を図るとともに再就職の援助を行うことなどを目的とした制度。原則として労働者を雇用するすべての事業が雇用保険の適用を受ける。 ・雇用保険に加入する（被保険者となる）要件は、31日以上の雇用見込みがあり、1週間の所定労働時間が20時間以上であること。 ・正社員はもちろん、パート、アルバイト、派遣社員も要件を満たせば被保険者となる。 ・雇用保険料は会社と被保険者が負担するが、会社の負担割合の方が多くなっている。
雇用保険の給付制度	・雇用保険の給付は失業した時に求職活動中の生活費を補てんする「**基本手当**」（失業手当）など、その他目的に応じさまざまな給付がある。
雇用保険の給付を受けるための前提条件	・雇用保険の給付を受けるためには、雇用保険に一定期間加入する（被保険者となる）ことが必要。給付を受けるための加入期間の要件は給付の種類等により異なる。

●雇用保険制度の仕組み、給付の種類

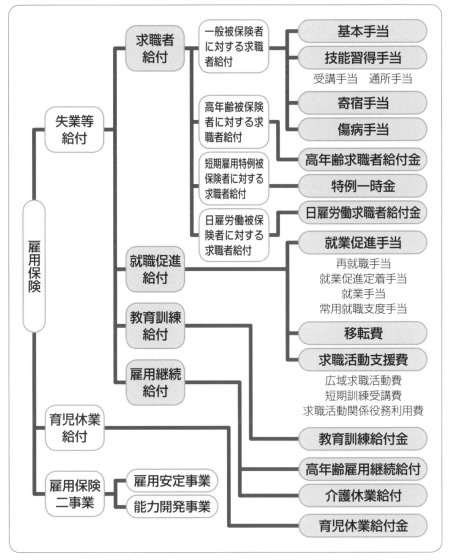

求職者給付	労働者が失業した時に求職活動中の生活費を補てんする
就職促進給付	早期再就職の促進を目的とする
教育訓練給付	働く人のキャリアアップを支援
雇用継続給付	高年齢者、介護休業者の雇用継続を支援
育児休業給付	育児休業者の雇用継続を支援

失業したら生活費の柱となる「基本手当」①（受給の要件と受給までの流れ）

失業中の生活保障として再就職を支援するために雇用保険から「基本手当」が支給されます。

基本手当	・**基本手当**（いわゆる失業手当）とは、雇用保険の被保険者だった人が、退職し、働く意思と能力がありながら再就職できない場合に、失業中の生活を心配しないで新しい仕事を探し、1日も早く再就職するのを支援するため支給されるもの。
受給要件	・基本手当を受給するための要件は下記の通り。 ①ハローワークで求職の申込みを行い、就職する積極的な意思があり、いつでも就職できる能力があるが職業に就くことができない（失業状態である）。 ②退職日以前の2年間に、雇用保険の被保険者期間が12カ月以上あること。 ただし、倒産や解雇等の理由で退職した人（特定受給資格者）や、期間の定めのある雇用契約が更新されず退職した人（特定理由離職者）は、退職日以前の1年間に被保険者期間が6カ月以上あること。
待期期間と給付制限	・会社から交付された離職票をハローワークに提出し求職の申込みをすると受給資格の決定が行われ、決定日から7日間は待期期間となり基本手当は給付されない。 ・倒産、解雇等の会社都合での退職や定年退職の場合は待期期間を過ぎると基本手当が給付されるが、自己都合で退職した人はさらに2カ月（2020年9月30日までに退職した人は3カ月）の給付制限があり、その間基本手当は給付されない。

基本手当の代わりに支給される「傷病手当」とは	・基本手当を受給している間に15日以上引き続いて病気やケガのため就職できない場合は、基本手当の代わりに「**傷病手当**」が支給される（14日以内は基本手当が支給される）。傷病手当の額は基本手当と同額。 ・30日以上続いた場合は、傷病手当を引き続き受給するか、受給期間の延長（40ページ参照）ができる。 ・申請方法は病気やケガがなくなった後の最初の失業認定日までに、ハローワークに「傷病手当支給申請書」を提出する。代理人による提出または郵送も可能。

●基本手当受給までの流れ

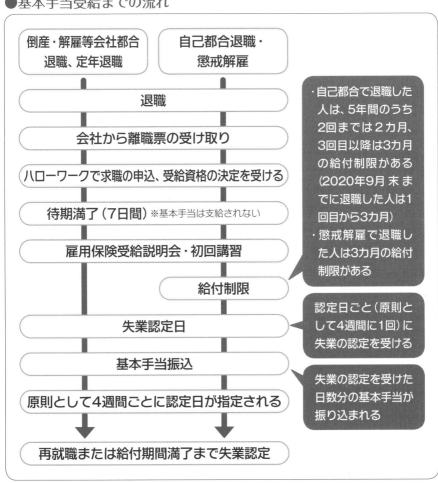

21

失業したら生活費の柱となる「基本手当」②（給付日数と給付額）

| 対象 | 失業した人 | 制度 | 雇用保険（基本手当） |

雇用保険から支給される「基本手当」の給付日数は、被保険者期間や退職理由などにより異なります。

受給できる給付日数は	・基本手当の支給を受けることができる日数は、退職日の年齢、雇用保険の被保険者期間、退職理由などにより異なり、90日から360日の間で決められる。 ・倒産や解雇等の理由で退職した人（**特定受給資格者**）や、期間の定めのある雇用契約が更新されず退職した人（**特定理由離職者**）は、自己都合で退職した人に比べ手厚い給付日数となる。 ・受給期間は退職日の翌日から1年間だが、病気やケガ、育児等理由のある場合は受給期間の延長もできる（40ページ参照）。
受給できる金額	・受給できる1日当たりの金額を「**基本手当日額**」といい、原則として退職日の直近6カ月に受けた賃金の総額を180で割った金額のおよそ50〜80％（60歳〜64歳は45〜80％）で賃金の低い人ほど高い給付率となっており、年齢区分ごとに上限額が決まっている。また、全年齢共通の下限額も設けられている。
高年齢求職者給付金	・65歳以上の退職者で、退職日以前の1年間に雇用保険の被保険者期間が6カ月以上ある場合は一時金（「**高年齢求職者給付金**」）が支給される。 ・高年齢求職者給付金の額は、被保険者加入期間が1年未満は基本手当日額の30日分、1年以上は50日分となる。

●基本手当の給付日数

①一般の退職者 （②及び③以外の理由で退職した人、定年退職、自己都合退職者等）

被保険者であった期間／離職時の満年齢	10年未満	10年以上20年未満	20年以上
65歳未満	90日	120日	150日

②障害者等の就職が困難な人

被保険者であった期間／離職時の満年齢	1年未満	1年以上
45歳未満	150日	300日
45歳以上65歳未満	150日	360日

③特定受給資格者及び一部の特定理由離職者
（倒産・解雇等の理由により退職した人、期間の定めのある労働契約が更新されなかった人（あらかじめ更新されない予定の労働契約が満了した場合を除く））

被保険者であった期間／離職時の満年齢	1年未満	1年以上5年未満	5年以上10年未満	10年以上20年未満	20年以上
30歳未満	90日	90日	120日	180日	―
30歳以上35歳未満	90日	120日	180日	210日	240日
35歳以上45歳未満	90日	150日	180日	240日	270日
45歳以上60歳未満	90日	180日	240日	270日	330日
60歳以上65歳未満	90日	150日	180日	210日	240日

●65歳以上の退職者には、一時金（高年齢求職者給付金）が支給される

被保険者であった期間	1年未満	1年以上
一括支給の額	30日分	50日分

●基本手当日額の上限額 (2020年12月現在)

30歳未満	6,850円
30歳以上45歳未満	7,605円
45歳以上60歳未満	8,370円
60歳以上65歳未満	7,186円

基本手当の給付日数を残して就職した場合は「就職促進手当」が受給できる

| 対象 | 再就職した人 | 制度 | 雇用保険（就職促進手当） |

基本手当を受給している人が早期に再就職した場合や、再就職先での給与が前職より低下した場合など、雇用保険から手当が受け取れます。

就職促進手当とは	・就職促進手当とは、雇用保険の基本手当を受給中に就職が決まったときに支給される手当で、早期の再就職を促進することを目的としている。 ・就職促進手当には「**再就職手当**」、「**就業促進定着手当**」、「**就業手当**」、「**常用就職支度手当**」があり、基本手当の支給残日数や安定した職業に就いているか等により、手当の種類が異なる。
再就職手当とは	・再就職手当は、基本手当を受給している人が、基本手当の支給日数を3分の1以上残して、安定した仕事に就いた場合に一時金として支給される。 ・再就職手当を受けるための要件は ①基本手当の支給日数が3分の2以上残っていること ②1年を超えて勤務することが確実であること ③受給資格の決定前から内定を貰っていた会社での再就職ではないこと　など ・再就職手当の支給額は、基本手当の受給期限までの残額の60～70%を受け取ることができるが、早く就職するとより給付率が高くなる。
就業促進定着手当	・再就職手当を受けた人が、再就職先で6カ月以上雇用され、6カ月間の賃金が退職前より低い場合に、就業促進定着手当が一時金として支払われる。

就業手当	・就業手当は、基本手当の残日数が3分の1以上、かつ45日以上ある人が、パートやアルバイトなど再就職手当の支給対象とならない雇用形態で臨時的に就労した場合に支払われる。
常用就職支度手当	・常用就職支度手当は、基本手当の残日数が3分の1未満で、障害者や高年齢の人など就職が困難な人が安定した職業に就いた場合に、一時金として支給される。 ・支給額は、基本手当の支給残日数により異なる。
申請手続き	・いずれもハローワークで手続きを行う。

●再就職手当の支給額

| 基本手当の支給残日数が給付日数の3分の2以上 | | 基本手当日額×所定給付日数の残日数×70% |
| 基本手当の支給残日数が給付日数の3分の1以上 | | 基本手当日額×所定給付日数の残日数×60% |

●就業促進定着手当の支給額

| 離職前の賃金日額と再就職後6カ月間の賃金日額の差額 | | 再就職後6カ月間の賃金支払基礎日数 |

※基本手当の支給残日数の40%を上限に支給

●就業手当の支給額 　　　　　　　　　　　※2020年12月現在

基本手当日額 × 30% × 就業日（1日当たりの支給上限額は1,858円）

●常用就職支度手当の支給額

支給残日数90日以上	90×40%×基本手当日額
支給残日数45日以上90日未満	支給残日数×40%×基本手当日額
支給残日数45日未満	45×40%×基本手当日額

※再就職手当、就業促進定着手当、常用就職支度手当の基本手当日額の上限額は6,195円（60-64歳は5,013円）

基本手当を受給している求職者は、「公共職業訓練」が受けられる

| 対象 | 求職者 | | 制度 | 雇用保険（公共職業訓練） |

雇用保険の基本手当を受給している求職者は、就職に必要な職業スキルや知識を習得するための「公共職業訓練」を受講することができます。

公共職業訓練とは	・公共職業訓練とは、主に雇用保険の基本手当を受給している求職者を対象に、就職に必要な職業スキルや知識を習得するための訓練をいう。 ・受講料は無料（テキスト代等は自己負担）で、国または都道府県が主体となって実施する「**施設内訓練**」と民間教育訓練機関等に委託して実施する「**委託訓練**」がある。訓練期間は3カ月から1年程度。
訓練コース	・訓練コースは介護サービス科、OA事務科、医療事務科、電気設備技術科、生産設備メンテナンス科、工場管理技術科（電気保全）、組込みソフトウェア科、スマート情報システム科、ICTエンジニア科などさまざまなコースが設定されている。
受講するためには	・受講するためには、ハローワークに求職申込みをした後、訓練実施施設が行う面接等の選考に合格し、ハローワークから受講あっせんを受ける必要がある。 ・受講あっせんは、①訓練を受講することが適職に就くために必要であると認められ、かつ、②訓練を受けるために必要な能力を有するとハローワークが判断した人に行われる。

求職者支援訓練との違い	・公共職業訓練と似た制度で、求職者支援訓練がある（28ページ参照）。２つの大きな違いは、公共職業訓練が基本手当を受給している求職者を対象にしているのに対し、求職者支援訓練は基本手当を受給できない求職者を対象としている。
公共職業訓練期間中に支給される手当	・訓練中は、基本手当のほか、下記の手当が受給できる。 **①受講手当** 　基本手当の支給の対象となる日のうち公共職業訓練を受けた日につき日額500円、上限2万円（40日を限度）。 **②通所手当** 　住所または居所から公共職業訓練等を行う施設へ通所するために交通機関、自動車等を利用する場合に月額最高42,500円まで支給される。 **③寄宿手当** 　公共職業訓練等を受けるために、家族と別居して寄宿する場合に月額10,700円が支給。
基本手当の支給延長と制限期間の解除	・訓練期間中に基本手当の所定給付日数（退職理由等により定められた受給限度日数）が終了しても、訓練が終了する日まで基本手当の支給が延長される。 ・自己都合で退職した人は、制限期間中は基本手当を受けられないが、給付制限期間中に公共職業訓練を受けると給付制限が解除され、基本手当が支給される。

雇用保険に未加入だった人への再就職を支援する「求職者支援制度」がある

| 対象 | 雇用保険未加入者 | 制度 | 雇用保険（求職者支援制度） |

雇用保険に未加入だった人でも、ハローワークを仕事探しに活用したり、職業訓練を受けスキルアップを図ることができます。

求職者支援 支援制度とは	・雇用保険を受給できない求職者への支援として、「**求職者支援制度**」があり、支援内容は下記の3つがある。 （1）「**求職者支援訓練**」が原則無料で受講できる。 （2）生活支援のための「**職業訓練受講給付金**」が支給される。 （3）訓練期間中も訓練修了後も、ハローワークが積極的に就職支援を行う。
対象者	・対象者はこの支援制度を利用して就職を希望している人で、基本手当を受給できない人。具体的には、基本手当の受給が終了した人、受給資格要件を満たさなかった人、前職で雇用保険の適用がなかった人、学校卒業後働いたことがない人、自営業を廃業した人たち。
求職者支援 訓練とは	・求職者支援訓練は「**基礎コース**」と「**実践コース**」がある。基礎コースは2〜4カ月の訓練期間で、社会人としての基礎的能力や短時間で習得できる技能等を習得するコース。実践コースは3〜6カ月の訓練期間で、就職を希望する職種での実践的な技能等を習得するコース。訓練内容はIT、医療事務、介護、理容・美容関連などさまざまある。 ・訓練は原則無料だが、テキスト代は自己負担。

職業訓練受講 給付金とは	・本人の収入、世帯収入及び資産要件などの一定の要件を満たす人は、訓練期間中「職業訓練受講給付金」を受けることができる。 ・給付内容は月額10万円と通所手当（交通費）及び寄宿手当（訓練受講のため家族と別居する必要がある場合月額10,700円）。 ・支給要件は、次の要件を全て満たすこと。 ①本人収入が月8万円以下 ②世帯全体の収入が月25万円以下 ③世帯全体の金融資産が300万円以下 ④現在の住まい以外に土地・建物を所有していない ⑤すべての訓練実施日に出席している（やむを得ない理由がある場合は8割以上の出席率がある） ⑥同世帯に同時にこの給付金や訓練を受けている人がいない ⑦過去3年以内に失業給付等の不正受給をしていない
就職支援に ついて	・訓練実施機関はハローワークと連携して就職支援を行う。 ・月に1度住所地のハローワークで就職支援を受ける必要がある。
求職者支援制 度の手続き	・訓練の受講申込みや「職業訓練受講給付金」の手続きは、原則として住所地のハローワークで行う。 ・職業訓練を受講するには、訓練実施期間による選考（面接・筆記など）が行われる。

●求職者支援制度

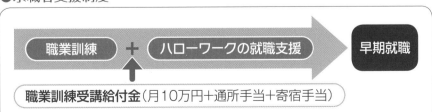

29

スキルアップのために教育訓練を受ける場合は雇用保険から給付金がある

| 対象 | 在職者、求職者 | | 制度 | 雇用保険（教育訓練給付制度） |

資格取得やスキルアップのための受講費用を支援する雇用保険の「教育訓練給付制度」があります。

教育訓練給付制度とは	・教育訓練給付制度とは、働く人の能力開発、キャリアアップを支援するため、厚生労働大臣の指定を受けた教育訓練を受講した場合に、費用の一部を雇用保険から支給される制度。 ・在職中の人に限らず退職者にも支給される（雇用保険の被保険者期間など一定の要件がある）。 ・目的や対象講座の違いなどにより、「**一般教育訓練給付金**」、「**専門実践教育訓練給付金**」、「**特定一般教育訓練給付金**」がある。 ・教育訓練給付金の対象となる講座については、厚生労働省HP「**教育訓練講座検索システム**」から検索できる。
一般教育訓練給付金	・「一般教育訓練給付金」は、英会話やPC講座など対象となる講座は幅広い。
特定一般教育訓練給付金	・「特定一般教育訓練給付金」は、速やかな再就職および早期のキャリア形成に資する教育訓練を対象とし、介護職員初任者研修・税理士・社会保険労務士・宅地建物取引士・行政書士講座など就職に役立つ資格に直結している講座が指定されている。

専門実践教育訓練給付金	・「専門実践教育訓練給付金」は、専門性の高い資格や知識を得るための講座を対象とし、介護福祉士・看護師・美容師・歯科衛生士・保育士・調理師・社会福祉士・はり師・精神保健福祉士などの講座が指定されている。
支給申請手続き	・「特定一般教育訓練給付金」及び「専門実践教育訓練給付金」を受給するためには、受講開始日の1カ月前までに、訓練前キャリアコンサルティングを受けジョブカードを作成し、住所地管轄のハローワークで受給資格の確認を受ける必要がある（一般教育訓練給付金は不要）。 ・受講終了後は、受講終了日の翌日から1カ月以内に住所地管轄のハローワークに「教育訓練給付金支給申請書」及び添付書類を提出する（専門実践教育訓練給付金は受講中でも申請できる）。

●給付金の額

一般教育訓練給付金	教育訓練費の20%（上限10万円・給付回数は1回のみ）
特定一般教育訓練給付金	教育訓練費の40%（上限20万円）
専門実践教育訓練給付金	教育訓練費の50%（年間上限40万円・最大3年間支給、上限120万円） 訓練修了後、資格取得し1年以内に被保険者として雇用またはすでに雇用されている場合、教育訓練費の20%が追加支給される。（年間上限56万円・最大3年間支給・上限168万円）

※いずれも、4,000円以下の場合は支給されない。

●受給できる人

在職者	初めて利用する場合は雇用保険の被保険者期間が通算1年以上（専門実践教育訓練給付金については2年以上） 2回目以降は通算3年以上あること
退職者	退職までに上記要件を満たした人で、退職日の翌日以降訓練開始までの期間が1年以内

高齢者が働き続けるときは「高年齢雇用継続給付」が出る

| 対象 | 60歳から64歳の働く人 | 制度 | 雇用保険（高年齢雇用継続給付） |

60歳で定年を迎えた後、賃金が下がった場合に賃金を補てんする目的で雇用保険から支給される「高年齢雇用継続給付」があります。

高年齢雇用継続給付とは	・高齢化社会の進展に伴い、働ける限りは働きたい、と考える人が増えている。しかし、60歳を過ぎて再雇用や再就職をすると、賃金が低下するのが一般的。「**高年齢雇用継続給付**」は、60歳以降も働き続ける65歳未満の人が、60歳時点に比べ賃金が低下した場合に雇用保険から賃金の補てんとして給付される制度。
高年齢雇用継続給付には2種類ある	・高年齢雇用継続給付は、「**高年齢雇用継続基本給付金**」と、「**高年齢再就職給付金**」の2つがある。 ・「高年齢雇用継続基本給付金」は、60歳以降も継続して雇用された人が対象。一度退職していても、雇用保険の基本手当を受け取っていなければ、再就職後に申請できる。 ・「高年齢再就職給付金」は、60歳以降に一度退職し基本手当を受け取り、再就職した人が対象。ただし基本手当の支給残日数が100日以上あることが要件となる。

●高年齢雇用継続基本給付金と高年齢再就職給付金の内容

	高年齢雇用継続基本給付金	高年齢再就職給付金
支給の要件	①60歳以上65歳未満で雇用保険の被保険者である。 ②雇用保険の被保険者期間が5年以上ある。 ③60歳以降の賃金が60歳時点に比べ75%未満に低下。	①60歳以上65歳未満で雇用保険の被保険者である。 ②雇用保険の被保険者期間が5年以上ある。 ③60歳以降の賃金が60歳時点に比べ75%未満に低下。 ④基本手当の支給残日数が100日以上あり再就職したこと。 ⑤安定した職業についたこと。
支給額	60歳時の賃金と比べ賃金低下率が 61%以下：60歳以降の毎月の賃金×15% 61%〜75%未満：60歳以降の毎月の賃金×一定の割合（15%〜0%） ※支払われた賃金が365,114円以上の場合、給付金は支給されない。	
支給の期間	60歳から65歳になるまで	再就職時に基本手当の残日数が ・100日以上　1年間 ・200日以上　2年間 最長65歳になるまで
申請の手続き	・事業主が、事業所を管轄するハローワークに「高年齢雇用継続給付支給申請書」その他必要書類を添付し原則2カ月ごとに申請（自分で申請することも可能）。	

●高年齢雇用継続給付の給付金早見表

低下率	支給率	低下率	支給率	低下率	支給率
75.00%以上	0.00%	70.00%	4.67%	65.00%	10.05%
74.50%	0.44%	69.50%	5.17%	64.50%	10.64%
74.00%	0.88%	69.00%	5.68%	64.00%	11.23%
73.50%	1.33%	68.50%	6.20%	63.50%	11.84%
73.00%	1.79%	68.00%	6.73%	63.00%	12.45%
72.50%	2.25%	67.50%	7.26%	62.50%	13.07%
72.00%	2.72%	67.00%	7.80%	62.00%	13.70%
71.50%	3.20%	66.50%	8.35%	61.50%	14.35%
71.00%	3.68%	66.00%	8.91%	61.00%以下	15.00%
70.50%	4.17%	65.50%	9.48%		

育児休業や介護休業期間中の所得を補てんするため給付金が支給される

| 対象 | 育児休業者・介護休業者 | 制度 | 雇用保険（育児・介護休業給付金） |

雇用保険では、育児や介護のために休業する期間の所得を補てんするため、給付金が支給される制度があります。

育児休業 給付金	・育児休業給付金とは、育児休業中の生活保障として雇用保険から支払われる給付金のことで、原則として子どもが1歳になるまで支給される。 ・要件を満たせば、母親だけでなく父親も給付金が支給され、さらに夫婦ともに休業する場合は子が1歳2カ月になるまで休業期間が延長される（**パパママ育休プラス制度**）。 ・保育所に入所できない場合などの事情がある場合は最長子どもが2歳になるまで延長できる。 ・支給要件は、雇用保険に加入しており、休業前の2年間に雇用保険の被保険者期間が通算12カ月以上※あること、休業開始前の賃金の8割以上が支払われていないこと、休業中の勤務日数が1カ月のうち10日以内か勤務時間が80時間以下であること。 ・支給額は育児休業開始から6カ月間は休業開始前の賃金の67％、6カ月を過ぎると50％。
申請方法	・勤め先の会社が会社管轄のハローワークに申請手続きを行う（自分で申請することも可能）。

介護休業 給付金	・介護休業給付金とは、要介護状態にある家族を介護する目的で介護休業をした場合に、雇用保険から支給される給付金のことで、同じ介護対象者に対して93日を限度に３回まで支給される。 ・「要介護状態」とは、病気やケガ、負傷、疾病または身体上もしくは精神上の障害により、２週間以上にわたり常時介護を必要とする状態。 ・支給要件は、雇用保険に加入しており、休業前の2年間に雇用保険の被保険者期間が通算12カ月以上※あること、休業開始前の賃金の8割以上が支払われていない、休業中の勤務日数が1カ月のうち10日以下であること。 ・支給額支給額は休業開始前の賃金の約67%。
申請方法	・勤め先の会社が会社管轄のハローワークに申請手続きを行う（自分で申請することも可能）。

※被保険者期間の算定方法は、11日以上働いた月（または80時間以上働いた月）を1カ月と数える。

●育児休業給付金の支給額

休業開始から6カ月まで	**休業開始時賃金日額×支給日数×67%**
休業開始から6カ月経過後	**休業開始時賃金日額×支給日数×50%**

●介護休業給付金の支給額

休業開始時賃金日額×支給日数×67%

季節的な短期雇用者や日雇い労働者が失業した場合でも雇用保険の給付が出る

| 対象 | 季節雇用、日雇いで働く人 | 制度 | 雇用保険 |

雇用保険では、季節的に短期間で雇用される人や日雇いの人でも失業した場合雇用保険の給付を受けることができます。

雇用保険の被保険者	・雇用保険では、季節的に短期間で雇用される人や日雇いの人でも雇用保険に加入することができ、失業した場合には給付金を受けることができる。それぞれ「**短期雇用特例被保険者**」、「**日雇労働被保険者**」となる。
短期雇用被保険者とは	・短期雇用特例被保険者とは、季節的に雇用され、または短期の雇用につくことを常態とする人をいう。スキー場や海の家などで働く人や出稼ぎの人など。 ・雇用保険に加入するには、雇用期間が4カ月を超えること、週の労働時間が30時間以上という要件がある。 ・同じ事業主に1年以上雇用された場合は、「短期雇用特例被保険者」から「一般被保険者」に切り替わる。
失業した場合に受け取れる「特例一時金」	・退職前の1年間で、被保険者期間が通算して6カ月以上ある短期雇用被保険者が失業した場合は、「**特例一時金**」が受け取れる。 ・特例一時金の支給額は、基本手当日額の40日分※
申請方法	・住所地のハローワークに離職票等を提出し、退職日から6カ月以内に申請する。
日雇労働被保険者	・日雇労働被保険者とは、日々雇用され、30日以内の期間を定めて雇用される人が該当する（建設・土木作業員など）。ただし、前2月の各月に、18日以上同一の事業主に雇用された場合は、その翌月の初日から一般被保険者となる。

日雇労働求職者給付金	・日雇労働被保険者は一般被保険者と異なり、自身で住所地のハローワークに出向き、「日雇労働被保険者手帳」の交付を受ける必要がある。 ・仕事のある日は手帳を事業主に提出し、雇用保険印紙を貼り付けてもらい、仕事のない日は手帳を持参しハローワークに行き求職の申込みを行うと「日雇労働求職者給付金」が受けられる。ただし、直前2カ月の手帳に貼付された雇用保険印紙が26枚以上あることが必要。 ・雇用保険印紙には、1級（176円）・2級（146円）・3級（96円）の3種類あり、手帳に貼り付けられている印紙の種類と枚数により給付金の額が決定される。 ・給付される日数は、直前2カ月の手帳に貼付された雇用保険印紙の枚数により、13日から17日までで、給付日額は4,100円から7,500円の間となっている。

●特例一時金の支給額

基本手当日額の40日分（※基本手当日額：22ページ参照）

●日雇労働求職者給付金の支給日額と支給日数（普通給付）

種別	支給日額
第1級印紙保険料が24日分以上	7,500円
第1級＋第2級が24日分以上または第1級＋第2級＋第3級の順に選んだ24日分の印紙保険料の平均額が第2級印紙保険料額以上	6,200円
上記以外	4,100円

印紙貼付枚数	支給日数
26〜31枚	13日
32〜35枚	14日
36〜39枚	15日
40〜43枚	16日
44枚以上	17日

※上記以外に、継続する6月間に印紙保険料が各月11日分以上かつ通算78日分以上納付している場合に、通算60日分を限度に支給される「特例給付」がある

住居のない離職者には「臨時特例つなぎ資金貸付制度」がある

困っている!!

| 対象 | 住居のない離職者 | 制度 | 臨時特例つなぎ資金貸付制度 |

住居のない離職者が公的な給付を得るまでの生活費が足りない場合、臨時特例つなぎ資金貸付制度を利用し、10万円まで借入れできます。

臨時特例つなぎ資金貸付制度とは	・住居のない離職者で、失業手当などの公的な給付制度や貸付制度を申請しているが、給付が開始されるまでの当面の生活費が足りない人の自立を支援するために、連帯保証人なしで、10万円まで無利子で借りられる制度。市区町村の社会福祉協議会が窓口となる。
対象となる人	・対象となる人は、住居のない離職者で、次のいずれの条件にも該当する人。 ①離職者を支援する公的給付制度（失業手当、職業訓練受講給付金、生活保護、住居確保給付金等）または公的貸付制度（総合支援資金等）の申請が受理され、給付等の開始までの生活に困窮している。 ②本人名義の金融機関の口座を持っている。
貸付額・申請方法	・連帯保証人なしで10万円まで無利子で借りられる。 ・住所地の市区町村の社会福祉協議会に公的給付・公的貸付を証明する書類などを添付して申請。 ・申し込んでから振込まれるまで1週間ほどかかる。また、申し込みには審査がある。 ・原則、振り込まれてから1カ月以内に全額返済する必要がある。ただし、一括返済できない場合は、月賦払いも可能。

●臨時特例つなぎ資金貸付制度申込時に必要な書類

- ・借入申込書
- ・公的給付制度または公的貸付制度の申請が受理されていることを証明する書類
- ・借入申込者名義の金融機関の預金通帳の写し
- ・借用書

臨時特例つなぎ資金借入申込書

受付	市町村社協	令和　　年　　月　　日
	県社協	令和　　年　　月　　日

○○県社会福祉協議会　会長　殿

　私は、留意事項（裏面記載）を承認のうえ、下記のとおり臨時特例つなぎ資金の借入れを申し込みます。

　借入申込みに当たって、貴社会福祉協議会が、貸付けに必要な範囲で、全国社会福祉協議会、他の都道府県社会福祉協議会、自治体及び公共職業安定所等の関係機関に照会し、私の個人情報の提供を受けることに同意します。

　また、借入申込書及び添付書類に記載された私の個人情報を、貴社会福祉協議会が、貸付けに必要な範囲で第二者に提供することに同意します。

　私及び私の世帯の者は、暴力団員ではありません。また、借入期間中においても暴力団員にはなりません。私は、貴社会福祉協議会が必要に応じ官公署等から私又は私の世帯員に係る暴力団員該当性情報の提供を求めることに同意します。

　[暴力団とは、「暴力団員による不当な行為の防止等に関する法律（平成3年法律第77号）第2号」にあるとおり、「その団体の構成員（その団体の構成団体の構成員を含む。）が集団的に又は常習的に暴力的不法行為等を行うことを助長　するおそれがある団体」を指します。]

令和　　年　　月　　日

借入申込者　　　　　　　　　　㊞

		フリガナ				生年月日	年　月　日生（　　歳）
①借入申込者		氏　名					
		フリガナ				電話番号（連絡先）	
		入居予定住所	〒	※入居先が決まっている場合に記			
		フリガナ					
		現在の居所	〒				
②申請中の公的制度					③借入希望額		円
④償還方法		一括償還　・　分割償還（いずれかを○で囲むこと）			※生活保護を申請している場合は一括償還。※一括償還の場合は⑤償還計画欄のA～、分割償還の場合はB～記載。		
⑤償還計画　※②に記載した制度を記入	A	（　　　　　　　　）が決定し、初回の入金があった日から1月以内に、貸付金の全額を償還します。					
	B	（　　　　　　　　）が決定し、初回の入金があった日から12月以内に、以下に記載するとおり月賦償還します。					
		毎月償還額 [　　　　　] 円					
		支払回数 [　　　　　] 回					
		※端数は最終月で調整 ⇒ 最終月償還額 [　　　　　] 円					
⑥自立相談支援事業の利用申込状況		・申込済（　　月　　日）　・申込予定（　　月　　日頃）　・申込予定なし					
⑦貸付金の振込先口座		金融機関名	支店名	口座種別	口座番号	口座名義（フリガナ）	
				普通・当座			
⑧その他特記事項							

基本手当の受給期間延長
～退職後すぐに働けないとき～

　退職後、失業の状態にある人は基本手当を受け取りながら求職活動を行えますが、病気やケガ、妊娠、出産、育児、介護などですぐに働けない状態の人は「失業の状態」と認められず、その間基本手当は受け取れません。また、基本手当を受け取れるのは原則退職日の翌日から1年以内と受給期間が定められているため、期間が過ぎてしまうと基本手当が受け取れなくなってしまいます。

　このようなすぐに働くことができない事情があり、基本手当を受け取ることができない人は、ハローワークに基本手当の受給期間の延長申請をしておくと、最大で3年、働くことのできなくなった日数だけ受給期間を延長できます。延長申請をしておけば、本来の受給期間が過ぎてしまっても、働けるようになってから手続きを行うことで、基本手当が受給できるようになります。

　受給期間の延長ができる要件は、病気やケガで療養中、妊娠・出産・育児（3歳未満）期間中、親族の介護が必要、60歳以上の定年退職後しばらく休養を希望する、といった理由で働くことができない状態が30日以上続くことです。

　受給期間の延長申請は、引き続き30日以上働くことができなくなった日の翌日から、延長後の受給期間の最後の日まで可能です。ただし、申請期間内であっても申請が遅い場合は基本手当の所定給付日数の全てを受給できなくなってしまうことがあるため、できるだけ早めに手続きを行っておきましょう。

●受給期間の延長できる理由と延長期間

理由	延長期間
病気やケガで療養中	1年（本来の受給期間）＋最長3年間
妊娠・出産・育児（3歳未満）期間中	
親族の介護が必要	
60歳以上の定年退職後しばらく休養を希望	1年（本来の受給期間）＋最長1年間

第2章

生活が困窮したときのサービス

生活困窮者自立支援・生活保護

生活に困ったら生活困窮者自立支援制度を利用

| 対象 | 生活に困っている人 | 制度 | 生活困窮者自立支援制度 |

いろいろな事情で生活に困ったら、生活困窮者自立支援制度に基づき、自立に向けて、さまざまな支援を受けることができます。

生活困窮者自立支援制度とは？	生活に困っている人の困窮の程度やそれぞれの事情に応じて必要な保護を行って、破綻しそうな暮らしを立て直し、自立を助けることを目的とした制度。条件が満たされればすべて無料で支給される。 ○地域によらず必須なのは ・相談にのり、自立を支援するための計画を立てる自立相談支援事業 ・住居確保給付金の支給（110ページ参照） ○住んでいる市区町村によって細かな違いがあるのが ①就労準備支援事業　②一時生活支援事業 ③家計改善支援事業　④子どもの学習・生活支援事業
対象となる人	・就労・心身の状況、住居、家計、子どもの教育などさまざまな問題について、経済的な理由などから生活に困っている人（働きたくても仕事がない人／社会に出るのが怖くなった人／家族の介護のために仕事ができない人／再就職に失敗して雇用保険の給付が切れた人など）。 ・生活保護を受けるまでではないが、最低限度の暮らしができなくなる恐れのある人。かつ、経済的な自立に向けて支援を希望する人。
申請先	最寄りの福祉事務所や住んでいる市区町村（郡部に住む場合は、原則都道府県）の相談窓口。

困っている!! 生活困窮者自立支援には どんな種類があるか

| 対象 | 生活に困っている人 | 制度 | 生活困窮者自立支援制度 |

さまざまな事情で困窮している人に、必要な支援を支援員がともに考え、計画を立てます。家族や周りの人からの相談も受け付けます。

自立相談 支援事業	・相談を受けた支援員が、心身、仕事、生活費など、抱えている問題を一緒に整理し、一人ひとりの状況に合った支援計画を立てる。 ・計画に従って、さまざまなプログラム等が紹介され、生活の立て直しを図る。その後の相談も受け付ける。
住居確保 給付金の支給	・離職などにより住居を失った人、または失うおそれの高い人に就労支援をしながら原則3カ月の家賃が助成される（詳細は110ページ参照）。
就労準備 支援事業	**就労に向けた準備が必要な人** ・「仕事をしたことがない」「長い間職についていない」「人とうまく話せない」「朝起きられない」など、働くことに不安があり、すぐに求職活動ができない人のため、「はじめの一歩」を踏み出すための支援を行う。 ・応募書類の作成や面接対策、職業体験の機会の提供、規則正しい生活習慣、体力づくり、ビジネスマナーやコミュニケーションなどの講座も実施。 ※支援期間は原則として1年以内。
就労訓練事業	**柔軟な働き方を必要とする人** ・ニート、引きこもり、心身に課題があるなど、すぐには一般企業で働くのが難しい人に、状況に応じた就労の機会を提供し、生活・健康面での支援を行う。 ・訓練として就労を体験する非雇用型、支援付きで就労する雇用型を選び、最終的には一般就労を目指す。

（詳しくは45ページ参照）

一時生活支援事業	**緊急に衣食住の確保が必要な人** ・住居のない人、失うおそれのある人、シェルターなどの施設退所者、ネットカフェに泊まる人、地域社会から孤立している人など、住むところが不安定な人で収入等が一定水準以下の人に、一定期間（原則3カ月）宿泊場所や衣食を提供する。また訪問などによるその後の見守り、生活支援就労支援も行う。
家計相談支援事業	**家計から生活再建を考えるため** ・債務などで家計に問題を抱える人に対し、それぞれの状況に応じて、立て直しのための計画作成、滞納の解消や各種給付制度の利用に向けた情報提供、貸付けあっせんなどを行い、自分で家計管理ができるよう支援する。
生活困窮世帯の子どもの学習支援	**「貧困の連鎖」を断ち切るため** ・生活困窮世帯などの子どもに対する、学習や進学に関する相談支援、個別指導、居場所提供など。 ・生活困窮世帯などの子どもと、その保護者に対する生活習慣・育成環境の改善、教育および就労に関する支援など。
その他の支援	・関係機関・他制度による支援。 ・民生委員・自治会・ボランティアなどインフォーマルな支援。

●支援の流れ

窓口で相談

相談支援員が問題を整理し、支援計画を作成

支援計画に基づき、状況に応じた支援が行われる

●就労訓練事業とはどんな事業?

①体調の変化などで、毎日働くのが困難な人に対する支援

・まわりの従業員に対して、理解をしてもらえるよう働きかける。

・就労の日数や一日の就労時間を少なくする。

・休んだ時の仕事をカバーできる体制を作る。

②現時点では集中力が必要な複雑な仕事ができない人に対する支援

・他の従業員が行っている業務の中で、その人に合っている業務を選び出してやってもらうようにする。

③ビジネスマナーなどを指導

・これらの支援と合わせ、身だしなみや健康管理についての指導、またビジネスマナーやコミュニケーションに関する支援が行われる。

●ひきこもりの人たちなどへの就労訓練支援イメージ

```
自立相談支援機関による課題の評価・分析(アセスメント)、
行政による支援決定
              ↓
┌─────────────────────────┬──────────┐
│      就労訓練事業         │  一般就労  │
└─────────────────────────┴──────────┘
```

支援付き雇用型

非雇用型

・訓練計画に基づく就労訓練
・事業主の指揮監督を受けない軽作業
・就労支援担当者による就労支援・指導など

・雇用契約に基づく就労
・比較的軽易な作業を想定
・就労支援担当者による就労支援・指導など
・就労条件における一定の配慮(労働時間・欠勤について柔軟な対応)

・雇用契約に基づく就労
・必要に応じ、自立相談支援機関などがフォローアップ

←―――――――――――――――――――――→
(課題の評価・分析は6カ月ごとに実施)

自立相談支援機関=地域の社会福祉協議会などが実施していて相談も受け付けている。所在地については市区町村にお尋ねください。

※厚生労働省「生活困窮者のための就業訓練事業を考えてみませんか?」パンフレットより

法的トラブルに巻き込まれたら法テラスが支援してくれる

| 対象 | 法的トラブル等を抱えた人 | 制度 | 総合法律支援法 |

トラブルにあって法律の助けが欲しいとき、法テラスが基本的に無料で、適切な相談窓口紹介などさまざまなサービスを提供しています。

法テラスとは？	・「日本司法支援センター」の通称。国が設立した公的法人で、法的トラブルや犯罪被害にあい、どこに相談していいか、またどうやって解決していいかわからないとき、経済的理由で弁護士などの専門家を頼めないとき、法律事務所が近くにないときなどに、問題解決のために全国どこからでも相談することができる。
受付窓口	○サポートダイヤル　費用は通話料のみ。 　0570-078374　IP電話からは：03-6745-5600 　受付：平日9〜21時、土曜9〜17時（日・祝日・年末年始を除く） ○近くの法テラス ○法テラスのホームページからメールでの問い合わせも可能

●支援の流れ

> サポートダイヤル、近くの法テラスなどに問合せ
>
> ↓
>
> 担当者が必要な情報を提供
>
> ↓
>
> 必要な書類があれば提出

業務の内容

民事法律扶助業務——経済的に余裕のない場合

・無料の法律相談

電話やオンラインでも相談可能。収入・資産が一定以下であるのが条件。

●**申込者及び配偶者の資産・収入合計額の基準例**

人数	手取り月収額		現金、預貯金の合計額
	都市部等	都市部等以外	
1人	20万200円以下	18万2,000円以下	180万円以下
2人	27万6,100円以下	25万1,000円以下	250万円以下
3人	29万9,200円以下	27万2,000円以下	270万円以下
4人	32万8,900円以下	29万9,000円以下	300万円以下（4人以上の場合）

※東日本大震災等の大規模災害で被災された場合の無料相談では、上記の基準には当てはまらない。
※2020年12月現在。

・費用の立て替え

経済的に余裕がないが、弁護士等に相談したい場合、法手続きなどにかかる費用を法テラスが一時立て替える制度。利用には条件があり、分割での返済義務がある。

・犯罪被害者支援

被害後の状況やニーズに応じた情報の提供、弁護士費用などの援助制度の案内等を行う。DV、ストーカー、児童虐待被害を受けている場合またその恐れのある場合でも、必要な法律相談が可能。基本無料。

・犯罪被害者法律援助

犯罪被害者またその家族が裁判等を希望し、資力要件など一定の条件を満たせば、弁護士費用等を援助する。

低所得者の人の自立のために
資金を貸し付ける制度がある

資金の種類		目的
総合支援資金	生活支援費	生活再建までの間に必要な生活費用
	住宅入居費	敷金、礼金など住宅の賃貸契約のために必要な経費
	一時生活再建費	・生活再建のために一時的に必要かつ日常生活費で賄うことが困難な費用 ・就職・転職前提の技能習得に要する費用 ・滞納している公共料金の立て替え費用 ・債務整理に必要な経費　等
福祉資金	緊急小口資金	・緊急かつ一時的に生計維持が困難になった場合に貸し付ける少額の費用
	福祉費	・生業を営むのに必要な経費
		・技能習得に必要な経費とその期間の生計維持に必要な経費
		・負傷または疾病の療養に必要な経費及びその療養期間中の生計を維持するのに必要な経費
		・介護・障害者サービス等を受けるのに必要な経費およびその療養期間中の生計維持に必要な経費
		・住宅の増改築、補修等及び公営住宅の譲り受けに必要な経費
		・福祉用具等の購入に必要な経費
		・障害者用自動車購入に必要な経費
		・災害を受けたことで臨時に必要な経費
		・冠婚葬祭に必要な経費
		・住宅移転等、給排水設備等の設置に必要な経費
		・就職、技能習得等の支度に必要な経費
		・中国残留邦人等に係る国民年金保険料の追納に必要な経費
		・その他日常生活上一時的に必要な経費
教育支援資金	教育支援費	・低所得者世帯に属する者が高等学校、大学または高等専門学校に就学するために必要な経費
	就学支度費	・低所得者世帯に属する者が高等学校、大学または高等専門学校の入学に際し必要な経費
不動産担保型生活資金	不動産担保型生活資金	・低所得の高齢者世帯に対し、一定の居住用不動産を担保として貸し付ける生活資金
	要保護世帯向け不動産担保型生活資金	・要保護の高齢者世帯に対し、一定の居住用不動産を担保として貸し付ける生活資金

| 対象 | 低所得者・障害者・高齢者世帯の人 | 制度 | 生活福祉資金貸付制度 |

金融機関や公的貸付制度から必要な資金を借り入れることができない世帯に、自立のために資金を貸し付ける制度がある。

貸付上限額のめやす	据置期間	償還期間	貸付利子	連帯保証人
1人（月15万円以内） 2人以上（月20万円以内） 期間：原則3カ月（最長12カ月）	最終貸付日から6カ月以内	据置期間経過後10年以内	保証人あり：無利子 保証人無し：年1.5%	原則必要。無しでも貸付可
40万円以内	貸付日（生活支援費と合わせて貸付の場合は生活支援費の最終貸付日）から6カ月以内			
60万円以内				
10万円以内	貸付日から2カ月以内	据置期間経過後12カ月以内	無利子	不要
460万円以内		20年		
技能を習得する期間が 6カ月程度：130万円　1年程度：220万円 2年程度：400万円　3年以内：580万円		8年		
療養期間が1年を超えないときは170万円。1年を超え、1年6カ月以内であって世帯の自立に必要な時は230万円		5年	保証人あり：無利子 保証人無し：年1.5%	原則必要。無しでも貸付可
介護サービスを受ける期間が1年を超えないときは170万円。1年を超え1年6カ月以内であって、世帯の自立に必要なときは230万円	貸付日（分割による交付の場合は最終貸付日）から6カ月以内			
250万円		7年		
170万円		8年		
250万円				
150万円		7年		
50万円		3年		
50万円				
50万円				
513.6万円		10年		
50万円		3年		
高校：月3.5万円以内 高専・短大：月6万円以内 大学：月6.5万円以内	卒業後6カ月以内	据置期間経過後20年以内	無利子	不要 ※世帯内で連帯借受人が必要
50万円以内				
・土地評価額の70%程度　・月30万円以内 貸付期間：借受人の死亡時まで、または貸付元利金が貸付限度額に達するまでの期間	契約終了後3カ月以内	据置期間終了時	年3%または長期プライムレートのいずれか低い利率	要 ※推定相続人の中から選定
・土地及び建物評価額の70%程度（集合住宅の場合は50%） ・生活扶助額の1・5倍以内 貸付期間：借受人の死亡時まで、または貸付元利金が貸付限度額に達するまでの期間				不要

厚生労働省HPより（都道府県社会福祉協議会資料より）

困っている!!

生活保護の原則としくみを知ろう（生活保護ってこんな制度）

対象 ┃ 生活費などに困って、ほかに頼る方法がない人 ┃ 制度 ┃ **生活保護制度**

病気やケガで働けなくなったなど、いよいよ生活に困ったときに助けを求める最後のセーフティーネットが生活保護制度です。

生活保護制度とは	・生活保護制度は、生活に困窮する人の程度に応じた保護を行い、「**健康で文化的な最低限度の生活**」を保障し、かつ自立を助長することを目的とした制度。支給される保護費は、住んでいる地域や世帯の状況によって違いがある。
支給のしくみ	・生活保護費は、世帯全員の収入（給与・年金など）が、国が定めた最低生活費（保護基準）より低い場合に支給される。求職者支援制度（28ページ）、生活困窮者自立支援制度（42ページ）をも利用できない事情を抱えた人たちの生活を守る「**第3のネット**」とされている。

●生活に困窮する人への重層的なセーフティーネット

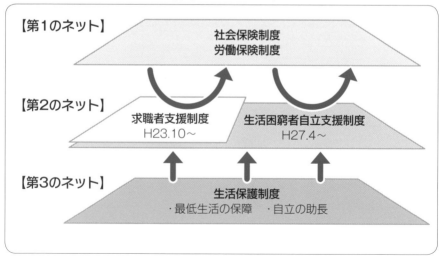

【第1のネット】　社会保険制度　労働保険制度

【第2のネット】　求職者支援制度　H23.10〜　生活困窮者自立支援制度　H27.4〜

【第3のネット】　生活保護制度　・最低生活の保障　・自立の助長

生活保護費の種類	・生活扶助、住宅扶助、教育扶助、医療扶助、生業扶助、葬祭扶助、出産扶助、介護扶助の8種類があり、要件を満たした場合に限度額内で支給される。
生活保護の要件	・世帯全員が、能力や資産などあらゆるものを使っても最低限度の生活ができないことが証明されれば、程度に応じて生活保護費が支給される。

●生活保護の要件

守るべき原則	内容
能力の活用	**●働くことが可能な人は、能力に応じて働くこと** 　働く意思と能力があり、求職活動していても働く場所がない場合は保護を受けられるが、現実に働く能力があり、就労できると思われる職場があるのに働こうとしない人は、保護を受けることができない。
資産の活用	**●持っている資産は金銭に換えること** 　土地・家屋、預貯金、車等の資産、解約返送金が多額になる生命保険等は換金して生活費に充てる。なお、機械的な取り扱いはできるだけ避け、個々の世帯の実態や地域の実情に応じて、個別に判断されることになっている。 ①現実に、最低生活の維持のために活用されており、かつ、処分するよりも保有しているほうが生活維持および自立助長に実効が上がっていると認められるものは処分しなくてよいこと。 ②現在は活用されていないが、将来活用されることがほぼ確実で、かつ、いま処分するよりも保有しているほうが生活維持に実効があると認められるものも処分しなくてよいこと。 ※調査時に、世帯の収入、資産等の状況がわかる資料（通帳のコピーや給与明細等）の提出を求められる。
扶養義務の履行	**●親族等からの扶養を頼むこと** 　親子、兄弟等扶養義務者から、生活に支障のない範囲でできる限りの援助をしてもらうこと。
他の法律や制度の活用	**●ほかに受けられる給付の手続きをすること** 　年金や手当など、ほかの制度で給付を受けられる場合は、まずそれらを活用する。

生活保護申請書の
書き方

| 対象 | 生活費などに困って、ほかに頼る方法がない人 | 制度 | 生活保護制度 |

申請を希望する場合は、最寄りの福祉事務所で相談の上、申請書をもらいます。住んでいる場所によって、その書式は違います。

●生活保護申請書の書き方

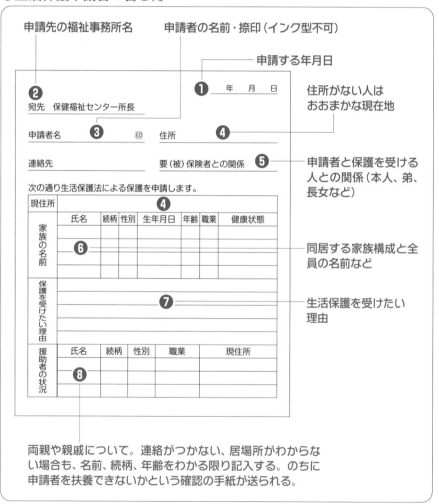

申請先の福祉事務所名　　　　申請者の名前・捺印（インク型不可）

申請する年月日

住所がない人は
おおまかな現在地

申請者と保護を受ける
人との関係（本人、弟、
長女など）

同居する家族構成と全
員の名前など

生活保護を受けたい
理由

❷ 宛先　保健福祉センター所長

❶ 年　月　日

❸ 申請者名　　　　　㊞　　住所 **❹**

連絡先　　　　　　要（被）保険者との関係 **❺**

次の通り生活保護法による保護を申請します。

現住所	**❹**						
家族の名前	氏名	続柄	性別	生年月日	年齢	職業	健康状態
	❻						
保護を受けたい理由	**❼**						
援助者の状況	氏名	続柄	性別	職業		現住所	
	❽						

両親や親戚について。連絡がつかない、居場所がわからない場合も、名前、続柄、年齢をわかる限り記入する。のちに申請者を扶養できないかという確認の手紙が送られる。

生活保護費はどんな人がもらえるか？

| 対象 | 生活費などに困って、ほかに頼る方法がない人 | 制度 | 生活保護制度 |

生活困窮者が助けを求める最後のセーフティーネット、生活保護制度。
受けられる扶助は、それぞれの困窮の状況によって違ってきます。

**保護を受ける
対象となる人**

・病気やケガ、離別などで生活費や医療費に困り、世帯全員の収入、資産、能力などあらゆるものを使っても、最低限度の生活費に足りない場合に支給される。個人ではなく、世帯全員を単位とする。
※暴力団員は原則却下

・基本的に働けない場合
・預貯金がない場合
・換金できるものを換金している場合
・生活の援助が可能な親戚がいない、または援助額があっても最低生活費に足りない場合
・生活保護以外の他の法律に基づく手当を全部活用している場合

◆外国籍の人の場合
　永住者、定住者、永住者の配偶者など、日本人の配偶者等、特別永住者、難民認定を受けた人などで、日本での就労活動等に法律上制限のない場合、生活保護に準じた給付を受けられる可能性がある。

●生活保護の種類と内容

扶助の種類		対象者	支給内容
毎月支給されるもの	生活扶助	困窮のため、最低限度の生活を維持することのできない人	**●日常生活に必要とされる費用** ・衣食その他 ◆原則的に金銭給付。基準額は、①食費等の個人的費用　②光熱水費等の世帯共通費用を合算して算出。 ※特定の世帯には加算あり（母子加算等）
	住宅扶助	困窮のため、最低限度の生活を維持することのできない人	**●居住に必要な費用** ・アパート等の家賃 ・補修その他住宅維持のために必要なもの ◆原則的に金銭給付。定められた範囲内で実費を支給
	教育扶助	困窮のため、最低限度の生活を維持することのできない人	**●義務教育を受けるために** 　**必要な費用** ・教科書その他の学用品費 ・通学用品費 ・学校給食その他必要なものの購入費 ◆定められた基準額を被保護者、その親権者もしくは未成年後見人または被保護者の通学する学校長に対して支給
	医療扶助	困窮のため、最低限度の生活を維持することのできない人	**●健康な生活を送るために** 　**必要な費用** ・診察、薬剤または治療材料 ・医学的処置およびその他の治療ならびに施術 ・居宅での療養上の管理、およびその療養に伴う世話その他の看護 ・病院または診療所への入院およびその療養に伴う世話その他の看護 ・通院等の交通費 ◆原則的に現物給付。費用は直接医療機関へ支払（本人負担なし）

扶助の種類		対象者	支給内容
毎月支給されるもの	介護扶助	困窮のため、最低限度の生活を維持することのできない要介護者、要支援者、居宅要支援被保険者等に相当する人	●要支援者・要介護者等が　生活するために必要な費用 ・居宅介護*　　・福祉用具 ・住宅改修　　　・施設介護 ・介護予防*　　・介護予防福祉用具 ・介護予防住宅改修 ・介護予防・日常生活支援* ・通院等の交通費　　　　　＊条件あり ◆基本的に現物給付。費用は直接介護事業者へ支払い
一時的・短期的に支給されるもの	出産扶助	困窮のため、最低限度の生活を維持することのできない人	●出産に必要とされる費用 ・分べんの介助 ・分べん前および分べん後の処理 ・脱脂綿、ガーゼその他の衛生材料 ◆定められた範囲内で実費を支給
	生業扶助	困窮のため、最低限度の生活を維持することのできない人、またはそのおそれのある人 ★これによってその人の収入を増加させ、またはその自立を助長する見込みのある人に限る	●就労に必要な技能の修得等に　かかる費用 ・生業に必要な資金 ・生業に必要な技能の修得 ・就労のために必要なもの ◆定められた範囲内で実費を支給 スーツ代、交通費、携帯電話購入費補助、カウンセリング費用が支給される場合もある
	葬祭扶助	困窮のため、最低限度の生活を維持することのできない人	●葬儀に最低限必要とされる費用 ・検案 ・死体の運搬 ・火葬または埋葬 ・納骨その他葬祭のために必要なもの ◆定められた範囲内で実費を支給

生活保護の一時扶助には どんな種類があるか?

| 対象 | 生活費などに困って、ほかに頼る方法がない人 | 制度 | 生活保護制度 |

出産、入学、入退院など臨時の出費、また最低限の物資もないときのため、一時的に一定の支給が認められています。

一時扶助の種類	・被服費 　布団類、被服費、新生児被服費、寝間着等、おむつ 　（全くない、使えない、または用意する必要がある場合） ・家具什器類 　（引っ越しなどをして炊事用具・食器類がない場合） ・入学準備金 　（小・中学校の入学準備の経費） ・その他 　配電設備費、水道・井戸または下水道施設、エアコン 　（住んでいる家屋に設備がない、真に必要な場合）／ 　転居の際の敷金等（住んでいる家屋が居住に堪えない 　場合等）／住宅維持費（住んでいる家屋の修理等が必 　要な場合）／通学用自転車購入費（通学に必要な場合） ・高等学校等就学費 　（高等学校等に就学しており、教材代、授業料等が必 　要な場合） ・治療材料 　眼鏡、歩行補助杖、義肢、ストーマ等、必要なもの ・施術 ・医療機関に通院する際の交通費等 ※上記項目は一部。またそれぞれ一定の条件があり、支給対象とならない場合がある。

生活保護の申請から決定までの流れ

| 対象 | 生活費などに困って、ほかに頼る方法がない人 | 制度 | 生活保護制度 |

生活保護の受給には、まず申請が必要です。資産や収入の有無など、利用できるものがないかが調査され、受給可能かどうかが決定されます。

相談

生活に困って相談したい、生活保護を受けたいと思ったら、居住する市区町村の福祉事務所の相談窓口に相談。生活保護制度と生活福祉資金、各種社会保障施策等の紹介や活用についての説明、また助言を受ける。

※原則、現在住んでいる自治体で受けるが、住まいがない場合は、どこの自治体でも相談できる。

保護の申請

相談の結果、生活保護を希望する場合は申請をする。申請できるのは、本人か本人を扶養する義務のある人、または同居する親族に限られる。調査や資料に必要な書類、資料を提出。調査が実施される。

調査

・生活状況等を把握するための実地調査(家庭訪問等)
・預貯金、保険、不動産等の資産の有無の調査
・扶養義務者による扶養(仕送り等の援助)の可能性の有無の調査
・年金等の社会保障給付、就労収入等の調査
・就労ができるかどうかの調査

保護費の支給

調査の結果、保護が必要と判断された場合、最低生活費から収入を引いた額が支給される。毎月銀行口座に振り込まれるか、または窓口で現金支給される。医療扶助、介護扶助など現物支給されるものもある。

・世帯の実態に応じて、年に数回の訪問調査
・収入、資産等の届け出の受理、定期的な課税台帳との照合
・就労の可能性がある人への就労指導等

生活保護は
どう決められる?

| 対象 | 生活費などに困って、ほかに頼る方法がない人 | 制度 | **生活保護制度** |

生活保護を希望する場合は、まず世帯の状況からその「最低生活費」を算出し、全収入と比べて、受給できるかどうかが決定されます。

保護費支給のしくみ

・世帯全員の全収入と、一定の基準で計算されたその世帯の「最低生活費」とを比べ、世帯の最低生活費から世帯の収入を引いた差額が、保護費として支給されるしくみになっている。決められた最低生活費より収入が多い場合は支給が認められない。

最低生活費

◀————————————————————▶

収入が少ない分、支給される

| 給与、年金、児童扶養手当等の収入 | 支給される保護費 |

収入の最低基準より多いと支給されない

| 給与、年金、児童扶養手当等の収入 |

最低生活費のめやす

対象	生活費などに困って、ほかに頼る方法がない人	制度	生活保護制度

最低生活費は、世帯人数、年齢、居住地、その他の条件から計算されます。居住地は大都市の中心部や地方の郡部などで分類されます。

●状況と居住地による1カ月の最低生活費のめやす（2020年10月）

世帯の内訳	東京都区部など	地方郡部など
母子家庭／母（39歳）と子ども（小学生）	21.1万円	16.3万円
夫婦（49歳、43歳）と子ども3人（小学生、中学生、高校生）	30.2万円	23.0万円
精神障害者単身世帯（38歳）	15.0万円	11.3万円
障害者のいる世帯／夫婦（55歳・身体障害3級、49歳）と子ども（中学生・高校生）	28.0万円	21.9万円
高齢者単身世帯（89歳）	12.8万円	9.4万円
高齢者世帯（72歳、65歳）の夫婦（子供なし）	17.9万円	13.4万円

最低生活費に計上される加算	・子どもがいる家庭は入学準備金・教材費の実費などが認定され、妊娠した家族がいる場合は妊産婦加算、ほかに母子加算、障害者加算、介護施設所者加算、在宅患者加算、児童養育加算、介護保険料加算などがある。 ★「障害者加算」と「母子加算」とは同時に受け取れない。 ・冬季（11月～翌3月）には地区別に冬季加算が別途計上される。

●障害者加算（2020年10月）

	東京都区部など	地方郡部など
身体障害者障害程度等級表1・2級に該当する人等	2.7万円	2.3万円
身体障害者障害程度等級表3級に該当する人等	1.8万円	1.5万円

●母子加算（2020年10月）

	東京都区部など	地方郡部など
児童1人	1.9万円	1.7万円
児童2人の場合加える額	0.48万円	0.44万円
3人以上1人増すごとに加える額	0.29万円	0.27万円

世帯とは	・世帯とは、同じ住居に住んで、生計を一緒にしている人の集まりのことをいい、親族とは限らず、他人も含まれる。保護を受ける場合は、世帯ごとが原則だが、例外もある。
世帯が別と認められるとき	①働く能力があるのに、働こうとしない人がいるとき当人を切り離して、他の家族だけを保護することがある。 ・世帯主が健康なのに、正当な理由もなく働こうとしない場合、自己の能力を活用していないので、保護を受けることはできない。 ・しかし、同居家族まで保護を受けられなくなるので、世帯主を別世帯とみなして、ほかの家族だけ保護を受けられるようにする場合がある。 ②受給を受けている人が他の一般家庭に転入したとき転入した人だけを保護することがある。 ・一人住まいの高齢者や病弱の人が、自分だけでは生活できなくなったとき、親族や友人の住居に転入することがある。転入先の人たちを同じ世帯として、最低生活させることになるのはおかしいので、転入した人だけ別の世帯として保護することがある。 ③長期入院患者のいるとき当人だけを保護世帯として扱うことがある。 ・入院している人のため、ほかの家族まで長期間最低生活をしなければならないのはおかしいとして、当の患者だけを保護の対象とし、ほかの家族はできるだけ一般の家庭に近い状態で生活してもらうことがある。

●生活保護費の利用例

うつ病で働き続けることができず、生活費がない

自己負担することなく、医療費のサポートを受けられる。休職や退職で収入が途絶えてしまった場合は、日常生活に必要な費用、家賃、医療費、さらに就労に必要な費用が扶助される場合もある。

お金がなくて、歯が傷んだり抜けたりしても
歯科で治療を受けられない

福祉事務所で医療券を発行してもらえば、指定された歯科医で診察、抜歯、虫歯治療、入れ歯、差し歯など保険治療の範囲内ならほぼすべての治療を受けられる。ホワイトニングなどは保険外治療となる。

病気の母親の面倒を見ながら、引きこもりがちの生活を送っている

母親の介護申請をし、介護扶助を受けてヘルパーも頼め、福祉用具も借りられる。通院のタクシー代などの扶助も受けられる。また引きこもりに理解のある職場の紹介を受け、就労に向けて動きだすことも可能。

母子家庭の母親が病気になり、所得補償保険等にも入って
いなかったため、医療費や小学生の子どもの教育費に困っている

自己負担なく医療が受けられ、日常生活に必要な費用、家賃、子どものための学用品、給食費、さらに母子加算がある。

海外で働くときの社会保障は?

外国に派遣される日本人及び外国から日本に派遣される外国人について、年金保険料の二重負担、年金受給資格の確保が課題。これらの問題を解決するため、日本では、外国との間で社会保障協定の締結が進められていて、現在、23国と協定が結ばれています。協定の内容は大きく分けて2つです。

①保険料の二重負担の防止

日本から外国へ一時的に派遣される人は、日本と派遣先国の両方の年金制度などに二重に保険料を負担することがありますが、社会保障協定を締結することにより、派遣先国の制度に加入します。例外として、派遣当初の一定期間(5年)は日本の制度に加入することで二重の保険料負担は解消されます。

※年金制度だけでなく、医療保険制度や労災制度も適用法令の調整を行っている協定もあります。

②年金加入期間の通算

外国の年金制度に加入したものの、加入した期間が短いためその国の年金受給権に結びつかない場合があります。社会保障協定を締結することにより、両国間の年金制度への加入期間を通算して、年金を受給するために必要とされる年金加入期間に加えることができ、その国の加入期間に応じた年金を受けることができるようになります。

※英国、韓国、イタリア(未発効)及び中国との協定については「保険料の二重負担の防止」のみになります。

●協定署名済みの国(23国)

ドイツ　英国　韓国　アメリカ　ベルギー　フランス　カナダ　オーストラリア　オランダ　チェコ　スペイン　アイルランド　ブラジル　スイス　ハンガリー　インド　ルクセンブルク　フィリピン　スロバキア　中国　イタリア　スウェーデン　フィンランド

※イタリア、スウェーデン、フィンランドは署名済みですが未発効。
※日本年金機構ホームページより(2020年3月)

第3章

医療を
受けるときの
サービス

医療保険

医療制度を
大まかに知っておく

| 対象 | 日本に住むすべての人 | 制度 | 公的医療保険制度 |

日本は国民皆保険制度のもと、国民全員が公的医療保険に加入しますが、職業や年齢などにより加入する医療保険制度は異なります。

日本の公的医療保険制度	・日本は「**国民皆保険制度**」のもと、すべての国民がなんらかの公的医療保険に加入する。ただし、職業や年齢などにより加入する医療保険制度は異なる。 ・日本の公的医療制度は大きく３つに区分される。 ①会社員や公務員などの被用者が加入する**健康保険** ②自営業者や無職者などが加入する**国民健康保険** ③75歳以上が加入する**後期高齢者医療保険**
健康保険	・会社員や公務員などの被用者が加入する健康保険は、①企業が単独あるいは共同で設立した「健康保険組合（組合健保）」、②中小企業の社員が加入する「全国健康保険協会（協会けんぽ）」、③公務員などが加入する「各種共済組合」がある。 ・保険料の負担は事業主と従業員（被保険者）が折半し、被保険者の給与や賞与の額により保険料が決まる。 ・収入などの要件に該当する家族を「被扶養者」とすることができる。被扶養者にかかる保険料の負担はない。
国民健康保険	・自営業者や無職者などが加入する国民健康保険は市区町村が運営し、その市区町村の住民が加入者となる。 ・保険料は前年の所得や加入者数などに応じ一世帯ごとに算出される。 ・健康保険と異なり、国民健康保険には「被扶養者」という概念はなく、一人一人が「被保険者」となる。

	後期高齢者医療保険	・75歳以上になるとそれまで加入していた医療制度（国民健康保険や健康保険）の加入資格を失い、「**後期高齢者医療制度**」に移行する。 ・後期高齢者医療制度は、各都道府県の広域連合と市区町村とが連携して事務を行っている。 ・保険料は、前年の所得等に応じて後期高齢者一人ひとりが納付する。国民健康保険と同様に「被扶養者」は存在しない。
	医療費の自己負担割合	・医療機関や薬局で支払う医療費の自己負担割合は、年齢または所得（現役並み所得者か）により異なる。

制度	健康保険（被用者保険）			国民健康保険	後期高齢者医療制度
運営主体	組合健保	協会けんぽ	共済組合	市区町村	後期高齢者医療広域連合
加入対象	主に大企業の従業員と被扶養者	主に中小企業の従業員とその被扶養者	公務員等とその被扶養者	自営業者、個人事業主、無職等	75歳以上の人
保険料等	保険料の負担は会社と従業員（被保険者）が折半。被保険者の給与や賞与の額により保険料が決まる。			保険料は前年の所得や加入者数等に応じ一世帯ごとに算出される。	保険料は、前年の所得等に応じて後期高齢者一人ひとりが納付する。
被扶養者	収入などの要件に該当する家族を被扶養者とすることができる。被扶養者にかかる保険料の負担はない。			「被扶養者」という概念はなく、扶養している家族であっても「被保険者」となる。	被扶養者という概念はない。
手続き	会社を通して手続き。			住所地の市区町村で手続き。	加入時、自動的に被保険者証が送付され手続きは不要。

●医療費の自己負担割合

退職後の医療保険制度を知っておく

| 対象 | 退職者 | 制度 | 公的医療保険制度 |

会社員や公務員などが退職した場合、加入する医療保険制度には、いくつかの選択肢があります。

退職後の 医療保険制度	・会社員や公務員などが退職したときには、それまで加入していた被用者保険（健康保険など）から新しい医療制度への切り替えが必要になる。 ・再就職した場合は再就職先での健康保険に加入するが、それ以外の場合は3つの選択肢がある。 **①健康保険の任意継続被保険者になる** **②健康保険に加入している家族の被扶養者となる** **③国民健康保険に加入する** ・加入する制度により保険料や手続き方法等が異なる。
任意継続 被保険者制度	・任意継続被保険者制度とは、加入していた健康保険に退職後も引き続き任意継続被保険者として加入し続けられる制度。ただし、加入できるのは2年間となる。 ・被扶養者だった家族は引き続き被扶養者になれる。 ・在職中は保険料は会社と折半だが、任意継続被保険者の保険料は全額自己負担となる（上限額あり）。
家族の 被扶養者	・配偶者や子どもなどの家族が勤務先の健康保険に加入している場合、要件を満たせば家族の被扶養者になれる。 ・保険料の負担はない。 ・被扶養者となるには、被保険者の収入により生計を維持していると認められる必要がある（年収等の要件あり）。

国民健康保険に加入	・他の公的医療保険に加入しない場合は市区町村の国民健康保険に加入する。 ・保険料は、前年の所得に応じた「所得割」と、1世帯の加入者数から求める「均等割」の合計額となる。前年の所得が多い場合は国民健康保険料が高額となる。

●退職後の医療保険制度

	健康保険の任意継続被保険者になる	家族の被扶養者になる	国民健康保険に加入する
適用期間	2年間	75歳まで	75歳まで
加入資格	退職日まで健康保険に2カ月以上継続して加入	被保険者に生計維持されている	他の公的医療保険制度に加入していない
保険料	全額自己負担（上限あり）	保険料の負担はない	世帯単位で前年の所得等により決定
手続き期限	退職後、20日以内	退職後、5日以内	退職後、14日以内

●被扶養者の要件
1．被扶養者の範囲に含まれていること

被保険者と同居・別居どちらでも可	配偶者、子・孫、兄・姉、弟・妹、父母・祖父母などの被保険者の直系尊属
被保険者と同居していることが条件	上記以外の3親等内の親族、被保険者の配偶者の父母・連れ子、配偶者、死亡後の父母・連れ子

2．扶養家族が主として被保険者の収入で生計を維持していること

➡年間収入が130万円未満（60歳以上または障害者の場合180万円未満）かつ
同居の場合：収入が被保険者の収入の半分未満
別居の場合：収入が被保険者からの仕送り額未満

3．原則、日本国内に住所を有していること

国民健康保険料の負担を軽くできる制度がある

| 対象 | 保険料の支払いが困難な人 | 制度 | 国民健康保険料の軽減・減免 |

国民健康保険料が支払えなくなった人のために、軽減や減免制度があります。

国民健康保険料の仕組み	・国民健康保険料は、前年の所得に応じて決まる「**所得割**」と、世帯の加入者全員に課せられる「**均等割**」によって計算される。さらに、世帯ごとに課される「**平等割（世帯割）**」を設定している自治体もある。
国民健康保険料法定軽減	・国民健康保険制度では、保険料が支払えない人のために、法律で定められた軽減制度があり、**世帯の所得が一定の基準以下である場合**に国民健康保険料の均等割（人数割）及び平等割（世帯割）分について、2割・5割・7割の軽減が自動的に適用される。 ・世帯の中に前年分の確定申告や住民税の申告をしていない人がいると、軽減は受けられない。 ・軽減の判定は確定申告や住民税の申告内容をもとに、自動的に市区町村が行う。該当している人には「**保険料納付書**」に軽減の記載がある。 ・要件に該当しているが軽減されていない人は市区町村に確認が必要。

●減額判定基準額（2020年度）

減額割合	世帯の総所得金額等
7割減額	33万円以下の世帯
5割減額	33万円＋（被保険者数＋特定同一世帯所属者数）×28万5,000円以下の世帯
2割減額	33万円＋（被保険者数＋特定同一世帯所属者数）×52万円以下の世帯

・65歳以上の人は年金所得から15万円を減算する。
・遺族年金・障害年金・老齢福祉年金の非課税所得は減額判定基準に含まない。

特別な事情がある場合の保険料減免	・災害、病気、ケガその他特別の事情があり、生活が困窮し保険料が支払えない場合、市区町村に申請することで、保険料の一部または全部が減免される。 ・申請の際には、生活状況の聞き取りや資料の提出などが必要になる。
非自発的離職に対する軽減	・倒産・解雇・雇止めなどやむを得ず離職（非自発的離職）した人に対し、離職から翌年度末までの間、前年の給与所得を30／100として算定される（つまり所得割額について7割軽減となる）。 ・ハローワークから交付された「**雇用保険受給資格者証**」を市区町村に提出し申請する。
後期高齢者医療制度への移行に伴う保険料の軽減	・会社の健康保険に加入していた人（例えば夫）が75歳になると後期高齢者医療制度に移行するが、それまで被扶養者だった74歳未満の人（例えば妻）は国民健康保険に加入し世帯主が保険料を負担することになる。これを理由に国民健康保険に加入した65歳以上の人（例・妻）は市区町村に申請することにより国民健康保険料が一部減免になる（所得割が全額免除、均等割が2年間半額）。

※上記の軽減、減免の内容は、自治体により異なることがあります。
※上記の他にも保険料の軽減や減免措置を設けている制度があります。詳細は自治体に確認してください。

高額な医療費の自己負担額を軽くする制度がある

対象　**医療費が高額になる人**　制度　**高額療養費制度**

入院や手術などで医療費の自己負担額が高額になった場合に、自己負担分を軽くしてくれる「高額療養費」制度があります。

高額療養費制度とは	・高額療養費制度とは、手術や入院をしたときなど、医療費が高額になり1カ月の医療費の自己負担分が上限額（自己負担限度額）を超えた場合、その超えた額が加入している医療保険から支給される制度。 ・病院や薬局の窓口で支払った額が上限額を超えると、申請すれば払い戻される。ただし事前に病院などに「**限度額適用認定証**」を提出しておけば、窓口での支払いが自己負担限度額までで済む。 ・自己負担限度額は年齢（70歳以上と70歳未満）と所得によって異なる。 ・対象者は公的医療保険（国民健康保険・健康保険等）へ加入している人。 ・対象期間は1日から末日までの1カ月間。月をまたぐ場合は合算できず、それぞれの月ごとの申請が必要。 ・病院・診療所ごとに計算する。同じ病院でも医科と歯科、通院と入院は別々に計算する。 ・入院時の食費負担や差額ベッド代等は含まれない。
負担を軽減する「世帯合算」と「多数回該当」	・負担をさらに軽減する仕組みとして、同じ医療保険制度に加入している家族の医療費を合算することができる「**世帯合算**」と、自己負担限度額を超える回数が多いとさらに限度額を下げる「**多数回該当**」がある。

| 申請方法 | ・あらかじめ加入している医療保険（協会けんぽや市区町村等）から「限度額適用認定証」の交付を受け、病院に提示すれば窓口負担が自己限度額までになる。
・限度額適用認定証があらかじめ用意できない場合は病院で自己負担分を支払った後、医療保険（協会けんぽや市区町村等）に高額療養費の支給申請書を提出すれば限度額を超えた分が還付される。 |

●高額療養費の自己負担限度額（70歳未満）

適用区分	所得区分	自己負担限度額	多数回該当
ア	健保：標準報酬月額83万円以上 国保：旧ただし書き所得901万円超	252,600円+（医療費−842,000円）×1%	140,100円
イ	健保：標準報酬月額53万円～79万円 国保：旧ただし書き所得600万～901万円	167,400円+（医療費−558,000円）×1%	93,000円
ウ	健保：標準報酬月額28万円～50万円 国保：旧ただし書き所得210万～600万円	80,100+（医療費−267,000円）×1%	44,400円
エ	健保：標準報酬月額26万円以下 国保：旧ただし書き所得210万円以下	57,600円	44,400円
オ	低所得者 （住民税非課税世帯）	35,400円	24,600円

※旧ただし書き所得＝前年の総所得金額等−住民税の基礎控除額（33万円）
※多数回該当は、過去12カ月以内に3回以上上限額に達した場合に4回目から該当します。

例）上記適用区分「ウ」の人

100万円の医療費で、窓口の負担（3割）が30万円かかる場合

医療費 100万円
窓口負担 30万円

高額療養費として支給 30万円−87,430円=212,570円
自己負担の上限額 80,100円+（100万円−267,000円）×1%=87,430円

212,570円を高額療養費として支給し、
実際の自己負担額は87,430円となります。

長期間休んだら
一定額手当金が支給される

| 対象 | 私傷病で休業する人 | 制度 | 傷病手当金 |

会社員などが加入する健康保険では、病気やケガなどで休業する場合、所得を補てんする「休業手当金」が支給されます。

傷病手当金 とは	・傷病手当金とは、健康保険の被保険者が業務以外の病気やケガで療養のため仕事を休み、その間給与が減額または支払われないときに、生活費を保障するために支払われる給付金。 ・対象となるのは、健康保険に加入し、業務外の病気やケガで連続する3日間（待期）を含み4日以上仕事に就けず、給与が支払われなかったこと（給与の支払いがあっても、傷病手当金の額よりも少ない場合は、その差額が支給される）。 ・連続した3日間（待期）の後、4日目から最長1年6カ月支給される（待期には有休や公休日も含まれる） ・1年6カ月の間に仕事に復帰した期間があり、再度同じ病気やケガにより休業した場合でも、最初の支給開始後1年6カ月を超えると支給されない。 ・支給額は給与の3分の2程度。（計算式は右ページ参照） ・健康保険の被保険者に対する手当金であり、家族（被扶養者）や国民健康保険の加入者は対象外。
手続き	・勤務先を通じて健康保険組合または協会けんぽに「健康保険傷病手当金支給申請書」を提出（申請書には医師の意見書が必要）。

●支給される期間

待期期間

1年6カ月→

4日目から1年6カ月を限度に受けられる

出 休 祝 休 休 休 休 休 　 休 休 休

●傷病手当金の額

$$\frac{\text{支給開始日以前の12カ月の標準報酬月額の平均}※}{30日} \times \frac{2}{3}$$

例）支給開始日以前の12カ月間の標準報酬月額の平均が30万円の人
（90日休業）

$$\frac{30万円}{30日} \times \frac{2}{3} \times 90日 = 60万円$$

※標準報酬月額とは、健康保険料を算出する際の基準となる1カ月分の報酬。
※支給開始日以前の期間が12カ月間ない場合は、下記のいずれか低い額
　①支給開始日以前の直近の連続した各月の標準報酬月額の平均
　②30万円（協会けんぽの場合）

リハビリセンター

医療費控除で所得税・住民税の負担が軽くなる

対象 | 支払った医療費が高額の人　制度 | 医療費控除

1年間に支払った医療費が10万円を超えた場合は、医療費控除が受けられ、税金の負担が軽くなります。

医療費控除とは	・1年間（1月1日から12月31日まで）に支払った医療費の額が10万円（総所得金額が200万円未満の人は総所得金額の5%）を超えた場合は、「**医療費控除**」が受けられる。 ・医療費控除を受けることで課税される額が低くなるため、所得税・住民税の負担が軽くなることになる。 ・医療費控除の額は、医療費から10万円を差し引いた額で、上限200万円。ただし、総所得金額が200万円以下の人は医療費から総所得の5%を引いた額。 ・保険金などで補てんされる額（生命保険の入院費給付金や健康保険や健康保険の高額療養費・家族療養費・出産育児一時金など）は、医療費から差し引く必要がある。 ・医療費は、本人分だけでなく、生計を同じくする家族全員の医療費を合算できる。 ・医療費控除の対象になるもの、ならないものがあるため、確認が必要。
申請手続き	・確定申告書と医療費の明細書を作成して税務署に提出 （会社員は年末調整で医療費控除は受けられないので、税務署に申告が必要）

●医療費控除の額

1年間に 支払った 医療費	−	保険金などで 補てん される額	−	10万円 ※総所得が200万円 未満の人は総所得 金額の5%	=	医療費 控除の額 (最高200万円)

●減額される税金の額

減額される税金の額＝ (医療費控除の額) ✕ (税率)

例) 課税所得額が500万円(所得税率20%)で医療費控除の額が
　　40万円の場合

（減額される所得税）40万円×税率20％＝**8万円**
（減額される住民税）40万円×税率10％＝**4万円**

●医療費控除の対象となるもの、ならないものの例

対象となるもの	対象とならないもの
医師または歯科医師に支払った診療費や治療費	・医師等に対する謝礼金 ・診断書の作成費用
治療または療養に必要な医薬品の購入代金	ビタミン剤などの病気の予防や健康増進のための医薬品の購入代金
異常がみつかり治療を受けることになった場合の健康診断費用	異常がみつからない場合の健康診断費用
治療のためのマッサージ、はり、きゅう	疲れを癒すなど治療に直接関係のないマッサージ、はり、きゅう
保健師、看護師、准看護師または特に依頼した人による療養上の世話の対価	所定の料金以外の心付け、家族や親類縁者に付添いを頼んで支払った代金
医師等による診療等を受けるための通院費、医師等の送迎費	自家用車で通院する場合のガソリン代や駐車場の料金
入院の際の部屋代や食事代の費用コルセットなどの医療用器具等の購入代や賃借料	・予防接種費用 ・美容のための整形外科 ・日常生活で使用する眼鏡・コンタクトレンズ

ドラッグストアなどで医薬品を購入し医療費控除の特例を利用できる

| 対象 | 医薬品を購入した人 | 制度 | セルフメディケーション税制 |

指定の医薬品の購入で医療費控除の特例（セルフメディケーション税制）を利用すると税金が軽減されます。

| 医療費控除の特例（セルフメディケーション税制）とは | ・1年間（1月1日から12月31日まで）に支払った市販の医薬品の額が12,000円を超えた場合は、その超えた額が所得から差し引かれ、「医療費控除の特例（**セルフメディケーション税制**）」が受けられる。課税される額が低くなることで所得税・住民税が減額となる。
・控除額の上限は、88,000円。
・<u>医療費控除（74ページ参照）とセルフメディケーション税制との併用はできないので注意が必要。</u>
・利用できるのは、同一年に会社や自治体の健康診断などを受診し健康の維持増進及び疾病の予防への取組を行い、指定の医薬品（**スイッチOTC医薬品**）を12,000円以上購入した人。
・スイッチOTC医薬品とは、元来医療用医薬品として使われていたものが薬局で店頭販売できる一般用医薬品に転換（スイッチ）されたもので、対象となる医薬品のパッケージには、特定のマークが印刷されている。
・また、対象となる医薬品を購入した際に発行されるレシートには、制度の対象となる旨の表示がされている。
・医薬品の購入額は、本人分だけでなく、生計を同じくする家族全員の医療費を合算できる。 |

申請手続き	・確定申告書とセルフメディケーション税制明細書及び健康診断受診時の領収証等を添付して税務署に提出。 ・確定申告の際に必要になるため、スイッチOTC医薬品を購入した際のレシートは保管しておく必要がある。

●医薬品に表示されているセルフメディケーション税制対象のマーク

セルフメディケーション
税 控除 対象

※日本一般用医薬品連合会HPより

●セルフメディケーション税制の控除額

スイッチOTC 医薬品の 年間購入額	ー	12,000円	＝	控除される額 （最高88,000円）

●減額される税金の額＝控除される額×税率

減額される税金の額＝（控除される額）✕（税率）

例）購入額92,000円―12,000円＝控除額80,000円の場合
　　（所得税率20％の人）

（減額される所得税）8万円×税率20％＝16,000円
（減額される住民税）8万円×税率10％＝8,000円

指定の難病にり患している人は 「難病医療費助成制度」を利用できる

| 対象 | 指定難病り患者 | 制度 | 難病医療費助成制度 |

指定難病は、治療が極めて困難であり、医療費も高額になるため、指定難病と診断されると医療費等の助成が受けられます。

難病医療費助成制度とは

・発病の原因が不明で、治療方法が確立していない、希少な疾患であって、長期の療養を必要とする病気を難病という。このうち、患者数が一定数を超えず、しかも客観的な診断基準が揃っているものを「**指定難病**」といい、333疾病が指定されている（2020年12月現在）。

・指定難病は、治療が極めて困難であり、医療費も高額になるため、指定難病と診断されると、医療費等の自己負担に上限を設けた助成が受けられる。

・対象となるのは、指定難病にり患しており、次の①②のいずれかに該当する人。
　①厚生労働大臣が定める重症度分類を満たす人
　②指定難病に係る医療費総額（10割分）が12カ月以内に33,330 円を超える月数が３カ月以上ある人（軽症高額該当）

・医療費自己負担額が3割の人は、2割になる（もともとの負担割合が1割または2割の人は変更なし）。

・医療費や一部の介護サービスに関する費用について、上限額を設け、超える分が助成される。

・助成対象となる医療は、診療、調剤、居宅における療養上の管理及びその治療に伴う看護等で、介護については訪問看護、訪問リハビリテーション、居宅療養管理指導、介護療養施設サービス、介護予防訪問看護など。

申請方法	・住所地の市区町村役場に申請。
その他の支援	・「**障害者総合支援法**」の対象となる難病の場合は、身体障害者手帳の有無にかかわらず、「障害者総合支援法」に基づく障害福祉サービス・相談支援・補装具及び地域生活支援事業等を受けることができる。申請手続きは住所地の市区町村で行う。

●医療費助成における自己負担上限額〈月額〉

（単位：円）

階層区分	階層区分の基準 （　）内の数字は、夫婦2人の世帯の場合における年収の目安		自己負担上限額（外来＋入院） （患者負担割合：2割）		
			一般	高額かつ長期※	人工呼吸器等装着者
生活保護	――		0	0	0
低所得Ⅰ	市町村民税 非課税（世帯）	本人年収 ～80万円	2,500	2,500	1,000
低所得Ⅱ		本人年収 80万円超～	5,000	5,000	
一般所得Ⅰ	市町村民税 課税以上7.1万円未満 （約160万円～約370万円）		10,000	5,000	
一般所得Ⅱ	市町村民税 7.1万円以上25.1万円未満 （約370万円～約810万円）		20,000	10,000	
上位所得	市町村民税25.1万円以上 （約810万円～）		30,000	20,000	
入院時の食費			全額自己負担		

※「高額かつ長期」とは、月ごとの医療費総額が5万円を超える月が年間6回以上ある者（例えば医療保険の2割負担の場合、医療費の自己負担が1万円を超える月が年間6回以上）。
出典：難病情報センターＨＰ

医療費を節約する方法

　医療費の負担は家計にとっては大きな出費になることがあります。医療費を少しでも節約するためには、以下の方法があります。

1．給付の申請を忘れずに行う

　高額療養費や傷病手当金などの医療保険の給付や自治体の医療費助成など、申請しないと受け取れないものが多くあります。そのため、申請漏れをなくすことが重要です。また、健康保険組合独自の上乗せ給付や、自治体独自で給付を行っている場合もあるため、加入している医療保険制度の給付等について確認しておくとよいでしょう。

2．健康診断や予防接種などの補助金制度を活用

　医療費を抑えるためには、病気にならないことが第一。人間ドックやがん検診、インフルエンザ予防接種等を受診する際に補助が出る健康保険組合や自治体も多くあります。

3．かかりつけ医をもつ

　普段健康な人が軽症で受診するときは、近所の「かかりつけ医」を受診するようにしましょう。紹介状を持たずにいきなり大病院を受診すると、初診料に特別料金が上乗せされてしまいます。まずはかかりつけ医を持ち、必要に応じて大病院での専門医への紹介状を書いてもらえば、医療費を節約できます。

4．時間外の受診を避ける

　病院の診療時間外に受診すると、「時間外加算」「深夜加算」「休日加算」などの料金が上乗せされます。「時間外加算」は概ね8時前と18時以降、土曜日は8時前と正午以降、「休日加算」は日曜・祝日・年末年始、「深夜加算」は22時から6時の受診で加算されます。また、早朝や夜間、休日を診療時間としている診療所もありますが、診療時間内であっても、時間帯によって初・再診時に「夜間・早朝等加算」が上乗せされます。

5．ジェネリック医薬品を利用する

　ジェネリック医薬品とは、別名で「後発医薬品」とも呼ばれており、新薬の特許が満了した後に、新薬と同じ有効成分を含む医薬品です。研究開発費がかからないため、新薬より低価格となっており、医療費を節約することができます。

第4章

子育てに
役立つ
サービス

出産・育児

妊婦・乳幼児について こんなサービスがある

対象 妊婦、乳幼児 　制度 母子保健法

妊娠の届け出をした時から妊産婦自身、さらには生まれた乳児、幼児まで、さまざまなサービスを受けることができます。

妊娠・出産費用の助成	・**妊婦健診費用**　妊娠届を出すと、全市町村で母子健康手帳のほか、妊婦健康診査受診票14回分が、一定額を限度に公費で負担される。 ・**出産費用**　出産育児一時金として、原則42万円が支給される。（詳細は86ページ参照）
妊娠届を交付してもらう場所・受付窓口	・自治体によって、住民登録してある自治体の役所窓口や保健センター、産婦人科等の医療機関から交付される。また自治体のホームページからダウンロードできる場合もある。記入した書類は自治体の窓口で受け付ける。
届出の時期	・決まりはないが、妊娠11週以内が推奨されている。
必要な書類（妊婦本人が届け出る場合）	・個人番号確認書類（個人番号カード、個人番号通知カード、個人番号が記載された住民票の写しのうちいずれか1点） ・本人確認書類（運転免許証・パスポートなど。個人番号カードがあれば別途提示不要。写真付きの本人確認書類がない場合は健康保険証、年金手帳などのうち2点必要） ・印鑑 ※詳細は自治体で確認。

●妊娠からの流れ

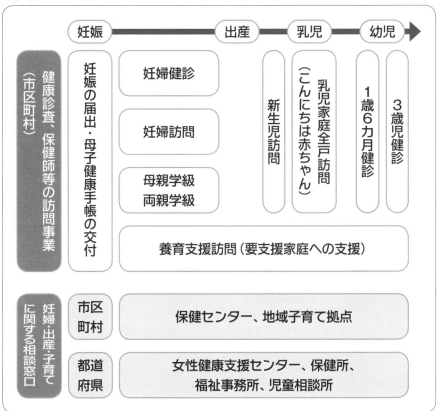

●妊娠届出書

里帰り出産時の妊婦健診に助成金が出る

妊婦健診助成券は住所地の市区町村以外で利用できないため、里帰り出産の人に自治体から費用の一部が助成される制度があります。

対象となる人	・助成券交付後、里帰りなどの理由で助成券を利用できず、健診費用を自己負担した人。
助成内容	・（例）妊婦健康診査（1回目）、妊婦超音波検査、妊婦子宮頸がん検診受診表、新生児聴覚検査受診表が未使用の場合、助成される。健診回数は合計14回まで。 ・申請期限、助成上限額は自治体により異なる。
必要な書類	・（例）妊婦健康診査補助金交付申請書／医療機関の領収書及び診療明細書／母子健康手帳／妊婦一般健康診査助成券／住民票　など
申請書受取・提出先	・住所のある市区町村の担当窓口など

里帰り出産

妊婦健診

不妊の高額治療費が助成される

| 対象 | 不妊に悩む人 | | 制度 | 特定不妊治療費助成制度 |

人工授精・体外受精、顕微授精等の高度不妊治療は高額で負担も大きいため、医療保険の適用がない治療費の全額または一部が助成されます。

対象となる人	・法律上の婚姻をしている夫婦 ・特定不妊治療以外では妊娠の見込みがない、あるいは極めて少ないと医師に診断された場合 ・治療期間の初日に妻が43歳未満の場合 ・夫婦の合計所得が730万円未満の場合※ ※都道府県で対象条件や金額が異なるので、各自治体の担当窓口などで確認が必要。 ※2020年12月現在、所得制限の撤廃、助成額の引き上げなど内容の変更が検討されている。
対象となる治療	・特定不妊治療（体外受精及び顕微授精）
給付の内容	・1回15万円（初回は30万円）までの助成は妻が40歳未満の場合は6回まで、40歳以上43歳未満の場合は3回まで受けられる（凍結胚移植等については7.5万円）。
必要な書類	・特定不妊治療費助成申請書／治療費領収書／住民票／戸籍謄本／市町村県民税所得証明書または非課税証明書　など
申請先	・住居地の保健所、福祉事務所など

出産した人は医療保険から一時金がもらえる

| 対象 | 出産した人 | 制度 | 出産育児一時金 |

出産そのものは、正常な状態なら病気と扱われないので、保険はききません。その代わり、出産育児一時金を受け取ることができます。

出産育児一時金とは	・妊娠4カ月以上の人が、**産科医療補償制度**※に加入している医療機関で出産した場合、公的医療保険から一児につき42万円（双子なら84万円）支給される一時金。そのほかの医療機関なら40万4000円になる。妊娠4カ月（85日）以上なら流産や死産でも支給される。 ※産科医療補償制度＝妊婦が安心して産科医療を受けられるよう病院、診療所、助産所等が加入する制度
受け取れる要件	・健康保険や国民健康保険、共済組合など、公的医療保険に加入している被保険者や被保険者の扶養家族（国民健康保険は本人のみ）が出産した時に受け取れる。
出産育児一時金の申請方法	・出産育児一時金の申請方法は、「直接支払制度」と「受取代理制度」の2つがあるが、多くの場合は直接支払制度が利用されている。
直接支払制度	・直接支払制度は、医療保険（協会けんぽ、健康保険組合や国民健康保険等）から支給される出産育児一時金（42万円または40万4000円）を医療保険から医療機関等に対して直接支払う制度。退院時には、その金額を超えた分だけ自己負担として窓口で支払う。 ・直接支払制度を利用する場合は出産予定の医療機関に被保険者証を提出し、「直接支払制度の利用に合意する文書」内容に同意しておく必要がある。

受取代理制度	・受取代理制度は、医療機関を代理人として、出産育児一時金の受け取りを委任する方法。直接支払制度だと事務的な負担や資金繰りへの影響が大きい一部の医療機関等に限られる。 ・受取代理制度を利用する場合は、「出産育児一時金等支給申請書（受取代理用）」を医療保険へ提出する。

●出産育児一時金支給申請書（協会けんぽの場合）

②被保険者が扶養する人が妊娠した場合も、名前などの情報は
　被保険者のものを記入する。

①記号・番号は保険証に記入されている

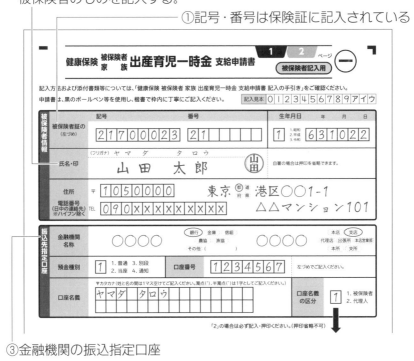

③金融機関の振込指定口座

当座の出産費用を無利子で貸し付けてもらえる

| 対象 | 当座の出産費用がない人 | 制度 | 出産費貸付制度 |

出産育児一時金の申請をしても支給までには時間がかかるので、当座の出産費用に困った場合、医療保険が無利子で貸し付けてくれます。

制度の概要	●**対象となる人** ・被保険者または被扶養者で、出産育児一時金の支給が見込める人で、次の①または②にあてはまること 　①出産予定日まで1カ月以内の人 　②妊娠4カ月（85日）以上の人で、病院・産院等に一時的に支払う必要がある人 ※出産育児一時金の直接支払制度または受取代理制度を利用する場合は貸付制度を利用できない。 ●**貸付額** ・1万円を単位とし、出産一時金支給見込額の8割相当。 （例）上限33万円（無利子） ●**返済方法** ・出産育児一時金の支給時に、貸付金と相殺される。残額は金融機関へ振込。 ・貸付期間は、出産育児一時金が支給されるまでの間。
出産費貸付制度の申請方法（例：協会けんぽの場合）	・医療保険に出産費貸付金貸付申込書、出産費貸付金借用書、健康保険出産育児一時金支給申請書（貸付用）を提出する。 ・医療保険より貸付金が指定の口座に振り込まれ、提出済の「健康保険出産育児一時金支給申請書」が返送される。 ・出産後「健康保険出産育児一時金支給申請書」に医師などの証明を受け再度医療保険に提出。

入院・分べんの費用に困っている妊婦に、出産費用を助成する制度がある

| 対象 | 出産費用に困っている人 | 制度 | 入院助産制度 |

入院・出産費用の支払いが困難な妊婦に対し、市区町村で指定された病院への入院・出産費用が公費で負担してもらえます。

制度の概要

●対象となる人
・生活保護世帯
・住民税非課税世帯
・前年の住民税所得割等の額が1万9000円以下の世帯（健康保険などから一定以上の出産一時金を受け取る人は除く）

※自治体によって詳細は異なる。

●要件
・自治体に助産施設として認可されている病院、助産所等に入院すること。
・所得税額等に応じて利用者負担がある場合がある。

●必要な書類
母子手帳／健康保険証／前年分の課税または非課税証明書／身元確認種類

●問い合せ・申請先
市区町村の担当窓口または福祉事務所

●入院助産費請求例（病院→市区町村長）

入院助産費請求例（正常産）

○○区長殿

●●医療センター××病院
病院長　△△△△

入所日 1月13日　退所日 1月19日　延日数7日
点数分　入院料　142,110円
　　　　処置料　12,030円
　　　　食事療養費（19回）　12,160円
分娩介助料　129,730円
胎盤処置料　3,466円
新生児介補料（7日）　26,670円
新生児用品貸与料（7日）　3,500円
新生児室料（7日）　7,700円
産科医療補償制度保険料　30,000円　　　　計 367,366円

出産のために会社を休んだら
健康保険から手当が支給される

産休を取得した被保険者　 健康保険出産手当金

出産のため会社を休み、その間に給与が支払われなかった場合は、健康保険から給与の3分の2が補償されます。

出産手当金とは	・出産手当金とは、会社員など健康保険の被保険者が、出産のため会社を休み、その間に給与を受けられないときに支給される。 ・健康保険の被保険者本人に支給される。被扶養者や国民健康保険の加入者は対象外。 ・支給期間は出産の日以前42日（多胎妊娠の場合は98日）から出産の翌日以後56日目まで。出産が予定日より遅れた場合は、その遅れた期間についても出産手当金が支給される。 ・1日あたりの支給額は、過去1年の標準報酬月額※の平均額を30日で割った額の3分の2。 ※標準報酬月額とは、健康保険料を算出する際の基準となる1カ月分の報酬。

●出産手当金の額

$$\frac{支給開始日以前の12カ月の標準報酬月額の平均※}{30日} \times \frac{2}{3}$$

例) 支給開始日以前の12カ月間の標準報酬月額の平均が30万円の人
（98日休業）

$$\frac{30万円}{30日} \times \frac{2}{3} \times 98日 = 653,336円$$

※支給開始日以前の期間が12か月間ない場合は、下記のいずれか低い額
①支給開始日以前の直近の連続した各月の標準報酬月額の平均　②30万円（協会けんぽの場合）

●出産手当金支給申請書記入例（協会けんぽ）

①保険証に記載された番号

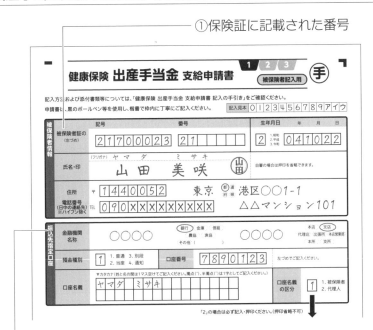

②金融機関の振込指定口座

③出産前の申請か、出産後の
申請かを記入。

④出産前なら出産予定日、出産後なら
予定日と出産日の両方を記入。

産休・育休中の社会保険料は免除になる

※保険組合によって詳細は異なります。

| 対象 | 産休・育休中の被保険者 | 制度 | 社会保険（医療保険・年金保険） |

産休・育休の取得者に対し、社会保険料が一定期間免除になります。国民年金保険では、女性の産前産後期間の保険料が免除されます。

サラリーマンの場合

保険料免除の しくみ	・健康保険と厚生年金保険等の社会保険料は、事業主と労働者（被保険者）が1/2ずつ負担し、事業主が納付するしくみになっている。 ・産休や育休の期間は、事業主が年金事務所や健康保険組合等に申し出ると、事業主と被保険者双方の保険料が免除になる。 ・期間中も被保険者資格はあり、年金受取額の減額もない。
産休中の 保険料免除	・**対象となる人** 産前産後休業（産前42日（多胎妊娠の場合は98日）、産後56日のうち、妊娠、出産のために労務に従事しなかった期間）を取得している被保険者 ・**免除期間** 産前産後休業開始日の属する月から、終了日の翌日の属する月の前月まで ・**必要な書類と申請先** 産前産後休業取得者申出書／産前産後休業取得者変更（終了）届　等 　・勤務先に申し出る。
育休 （育児休業）中 の保険料免除	・原則として健康保険料（40歳以上は介護保険料も含む）、厚生年金保険料が免除される。本人だけでなく、会社負担も免除に。

育休（育児休業）中の保険料免除

- **対象になる人**
  育児・介護休業法による満3歳未満の子供を養育するための育児休業等（育児休業および育児休業に準じる休業）を取得している被保険者
  ※父親の場合も母親と同様、育児休業と保険料の免除等の権利が保障されています。育児休業等中に事業主が年金事務所または健康保険組合に申出することで、保険料が免除されます。
- **免除期間**
  育児休業開始日の属する月から、終了日の翌日の属する月の前月まで
- **必要な書類と申請先**
  育児休業等取得者申出書／育児休業等取得者（終了）届　等
  ・勤務先に申し出る。

自営業など

産休中の保険料免除

- **対象となる人**
  国民年金第1号被保険者の女性
- **免除期間**
  出産予定日（または出産日）の前月から、4カ月間。双子以上の場合は、出産の3カ月前からの6カ月間。
- **申請に必要な書類**
  ・母子手帳　等
- **申請日と申請先**
  ・出産予定日の6カ月前から申請可能。
  ・住民登録している市区町村の国民年金担当窓口へ

●産休・育児休業中の社会保険料の免除

	会社員	自営業など
産休中	健康保険料・厚生年金保険料の事業主と被保険者双方の保険料が免除される。	国民年金第1号被保険者の国民年金保険料は免除。ただし国民健康保険料は免除されない。
育児休業中	同上	免除の制度はない

・免除期間中は保険料を納めているものとして将来の年金額が計算される。

育児・介護休業法の
あらまし

働く人たちの仕事と育児、あるいは仕事と介護の両立を支援するため「育児・介護休業法」が定められています。

育児関係	・育児休業は、原則として子が1歳になるまで取得できる。対象となる人は原則として1歳未満の子を養育するすべての男女従業員（日雇を除く）。有期契約労働者は別途条件がある。 ・雇用保険に加入している従業員は、雇用保険より「育児休業給付金」が支給される（34ページ参照）。 ・両親がともに育児休業をする場合は子が1歳2か月になるまで休業できる（パパ・ママ育休プラス）。 ・保育園に入園できないなどの事情のある場合は最長2歳になるまで延長できる。 ・子が3歳になるまでは、1日6時間までの「短時間勤務制度」や、「所定外労働の制限」の措置がある。 ・子が小学校就学前まで、子どもの病気の看護などのために年に5日（2人以上は10日）まで「子の看護休暇」を取得できる。また、残業に一定の制限を設ける「時間外労働の制限」や「深夜業の制限」措置がある。

介護関連	・介護休業は、要介護状態（負傷、疾病または・身体・精神上の障害により２週間以上の期間常時介護を必要とする状態）にある対象家族を介護するための休業。 ・対象家族1人につき、通算93日まで、3回を限度に分割して取得できる ・雇用保険に加入している従業員は、雇用保険より「介護休業給付金」が支給される（35ページ参照）。 ・その他「短時間勤務等の措置」、「介護休暇」（年に5日、2人以上は10日まで）の取得、「所定外労働の制限」、「時間外労働の制限」、「深夜業の制限」措置がある。

●育児休業法のあらまし

子どもを養育している人が もらえる手当がある

対象 | 中学校終了前の児童を養育している人 | 制度 | 児童手当制度

出産、他の市区町村から転入した時は、早めに「認定請求書」を提出して申請しましょう。原則、申請した月の翌月分からの支給になります。

児童手当	・支給金額（月額）　０〜３歳未満：1万5000円／3歳〜小学校終了まで：1万円（第3子以降は1万5000円）／中学生：1万円
請求書受取と提出先	・現住所の市区町村役所の窓口でもらえ、提出は役所の窓口か郵送で。公務員の場合は勤務先に提出。
要件	・児童が国内に住んでいること（留学等の場合を除く）。 ・児童を監護し、生計を同じくしていること（父母が離婚協議中で別居している場合等は、同居している人に優先的に支給）。 ・手当を受け取る人の前年または前々年の所得額が、制限限度額以下の場合（たとえば、扶養親族2人－専業主婦と児童が1人の場合は所得額が660万円）。 ・養育している人の所得が所得制限限度額以上の場合は、特例給付として一律5,000円の支給がある。
必要な書類	・会社員等の場合は、健康保険被保険者証の写しなど

●児童手当給付認定請求書の例

様式第３号（第３条関係）

令和２年度　児童手当・特例給付　認定請求書

〔令和２年度用：令和２年５月～令和３年４月請求分〕

（届出先）横浜市長
次のとおり請求します。

記入日　　　年　　月　　日

請求理由　　1　出生　　2　市外転入　　3　その他（　　　　　）

※下記の請求者及び配偶者にかかわる項目は、**必ず請求者及び配偶者本人が【誓約・同意事項】(1)(2)に同意した上で記入してください**

	フリガナ				性別	生年月日
	氏名		印			昭和・平成　　年　　月　　日
		※未成年後見人が法人の場合、法人名及び代表者氏名　　※署名又は、記名押印				
請求者	住所	横浜市　　　　区		個人番号		
	転入前住所（市外）	転出予定日　　　年　　月　　日　　都道府県		電話	携帯　　　－　　－ 自宅　　　－　　－	
	令和２年1月1日の住所	横浜市内　・　横浜市外（　　　　　　）・　国外 ※横浜市外の場合は、市町村名までご記入ください（例：○○県△△市）				
	令和３年1月1日の住所	横浜市内　・　横浜市外（　　　　　　）・　国外 ※令和３年1月2日以降に転入した方は、ご記入ください（例：○○県△△市）				
	職業	会社員　・　自営業　・　公務員 無職　・　その他（　　　）	勤務先等		電話番号	
	加入年金等の種類	(1) 厚生年金保険　(2) 国民年金（3号被保険者含む）　(3) その他（　　　　） ※次の共済組合の組合員の場合は、（）に○を記入してください。 （　）私立学校教職員共済　（　）地方公務員共済　（　）国家公務員共済　（　）その他共済			配偶者　　有・無 配偶者を扶養　　有・無	
	振込希望金融機関	銀行金庫信組農協漁協　支店名	支店コード（3ケタ）	普通預金　口座番号（7ケタ）　口座名義	【請求者に限る。カナ（又はアルファベット）。 ※通帳の表記に合わせてください。】	

※ゆうちょ銀行の場合、支店名（コード）は３ケタの数字です。記号・番号ではありません。

	フリガナ				生年月日	昭和・平成　　年　　月　　日
	氏名		印			
		※　配偶者がいない場合は、記入不要です。　　※署名又は、記名押印				
配偶者	住所	請求者と 同居・別居　→〔　　　　　（別居の場合の住所）　　　　　〕		個人番号		
	令和２年1月1日の住所	横浜市内　・　横浜市外（　　　　　　）・　国外 ※横浜市外の場合は、市町村名までご記入ください（例：○○県△△市）				
	令和３年1月1日の住所	横浜市内　・　横浜市外（　　　　　　）・　国外 ※令和３年1月2日以降に転入した方は、ご記入ください（例：○○県△△市）				
	職業	会社員　・　自営業　・　公務員 無職　・　その他（　　　）	勤務先等		電話番号	

	平成14年４月２日以降に生まれた 受給者が養育（監護）している児童	続柄	生年月日	居住	生計
児童	フリガナ 氏名		平成・令和　　年　　月　　日	同居・別居	同一・維持
	フリガナ 氏名		平成・令和　　年　　月　　日	同居・別居	同一・維持
	フリガナ 氏名		平成・令和　　年　　月　　日	同居・別居	同一・維持
	フリガナ 氏名		平成・令和　　年　　月　　日	同居・別居	同一・維持

【誓約・同意事項】
(1) 児童手当の支給要件を審査するため、横浜市が受給者及び配偶者の必要な所得情報等について、マイナンバーを利用した情報提供ネットワークシステム等により公簿等の確認を行うことや、必要な資料を他の行政機関等に求めることに同意します。
(2) 公簿等で確認できない場合は、関係書類を提出します。

※横浜市使用欄（ここから下には記入しないでください）

福祉コード

連絡事項		前住所所在地	確認　日　　　年　月　日
			消滅　日　　　年　月　日
			担当部署
	所得：請　　　　　配	支給開始	年　　月

不足書類	□保険証　　□年金加入証明　　□所得証明〔請求者・配偶者〕　　□口座情報
	□住民票　　□別居監護申立書　　□申立書・その他〔　　　　　　　　〕

ひとり親の職業訓練に対して給付金が出る

| 対象 | ひとり親世帯の人 | 制度 | 自立支援教育訓練給付金 等 |

経済的自立に必要な職業訓練のため「自立支援教育訓練給付金」と、さらに高度な職業訓練のための「高等職業訓練促進給付金」があります。

自立支援 教育訓練 給付金	・母子家庭の母、または父子家庭の父が就職に有利な教育訓練を受講し、修了した場合、受講料の一部が支給される。 ・対象となる人 　①母子家庭の母、または父子家庭の父で、現在20歳に満たない児童を扶養する人 　②児童扶養手当の支給を受けているか、それと同様の所得水準であること。 　③教育訓練を受けることが、適職に就くために必要と認められること。 　　以上の条件をすべて満たす人 ・対象となる講座 　雇用保険制度の教育訓練給付の指定教育訓練講座 ・支給額 　講座受講料の6割相当額（1万2001円～修学年数×20万円、最大80万円） 　※支給額をさらに上乗せしている市区もある。 ・問い合わせ 　市区に、あるいは町村在住の人は各都道府県の窓口に事前相談が必要

・母子家庭の母、または父子家庭の父が、看護師や介護福祉士等の国家資格取得のため、1年以上養成機関で学ぶ時、期間中の生活費として支給される。また入学金の負担を軽くするため、高等職業訓練修了支援給付金も支給される。

・**対象となる人**
　・「自立支援教育訓練給付金」と同じ。ほかに以下の要件がある。
　・養成機関において1年以上のカリキュラムを学び終えたうえで、資格が取得できると見込まれること。
　・仕事または育児と学びの両立が困難なこと。

・**対象となる資格**
看護師、准看護師、介護福祉士、保育士、理学療法士、作業療法士、保健師、助産師、理容師、美容師、歯科衛生士、製菓衛生師、調理師　など

・**支給額（月額）**
①高等職業訓練促進給付金
　10万円（市区町村民税非課税世帯）
　7万500円（市区町村民税課税世帯）
　支給期間：上限4年
　ただし、養成機関における課程修了までの期間の最後の12カ月については、
　月額140,000円（市町村民税非課税世帯）
　月額110,500円（市町村民税課税世帯）
②高等職業訓練修了支援給付金
　5万円（市区町村民税非課税世帯）
　2万5000円（市区町村民税課税世帯）
　支給期間：終了後に支給

・**問い合わせ**
市区に、あるいは町村在住の人は各都道府県の窓口に事前相談が必要
※事前に必ず問い合わせ先に相談のこと。

高等職業訓練促進給付金

幼児教育の無償化が始まっている

幼稚園、保育所、認定こども園等を利用する3〜5歳児、住民税非課税世帯の0〜2歳児、就学前の障害児の発達支援等が無料になりました。

幼児教育の無償化	・**対象**　幼稚園・保育所・認定こども園・地域型保育 ・**3〜5歳児クラス**　すべての子どもの利用料が無料（幼稚園は月額上限2万5700円）。通園送迎費、食材料費、行事費は保護者負担。 ※年収360万円未満の世帯は副食（おかず、おやつ等）費用が免除。 ※全世帯の第3子以降は副食（おかず、おやつ等）費用が免除。 ・**0〜2歳児クラス**　住民税非課税世帯は、利用料が無料。
企業主導型保育事業	・企業向けの助成制度で、保育施設や、地域の企業が共同で設置・利用する保育施設に対し、施設の整備費及び運営費の助成を行うもの。 ・標準的な利用料が無料。
幼稚園の預かり保育	・幼稚園の利用に加え、利用日数に応じて、最大月額1万1300円までの範囲で利用料が無料。 ※住んでいる市町村から「保育の必要性の認定」を受けた場合のみ。
認可外保育施設等	・認可外保育施設、認証保育施設、ベビーシッター、認可外の事業所内保育、一時預かり事業、病児保育事業、ファミリー・サポート・センター事業など ・**3〜5歳児クラス**　月額3万7000円まで無料。 ・**0〜2歳児クラス**　住民税非課税世帯の子どもが、月額4万2000円まで無料。 ※住んでいる市町村から「保育の必要性の認定」を受け、保育所、認定こども園等を利用できていない場合のみ。

●幼児教育の無償化チャート

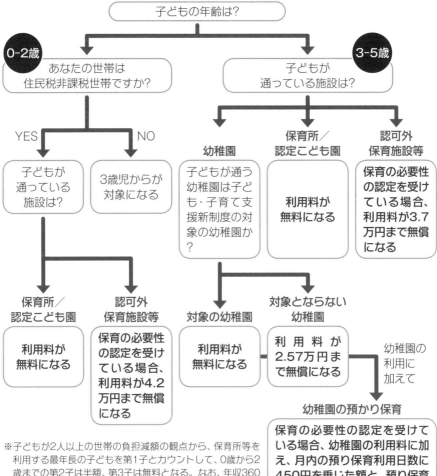

子どもの年齢は?

0-2歳

あなたの世帯は
住民税非課税世帯ですか?

YES　　　NO

子どもが
通っている
施設は?

3歳児からが
対象になる

保育所／
認定こども園

認可外
保育施設等

利用料が
無料になる

保育の必要性
の認定を受け
ている場合、
利用料が4.2
万円まで無償
になる

3-5歳

子どもが
通っている施設は?

幼稚園

保育所／
認定こども園

認可外
保育施設等

子どもが通う
幼稚園は子ど
も・子育て支
援新制度の対
象の幼稚園か
?

利用料が
無料になる

保育の必要性
の認定を受け
ている場合、
利用料が3.7
万円まで無償
になる

対象の幼稚園

対象とならない
幼稚園

利用料が
無料になる

利用料が
2.57万円ま
で無償になる

幼稚園の
利用に
加えて

幼稚園の預かり保育

保育の必要性の認定を受けて
いる場合、幼稚園の利用料に加
え、月内の預り保育利用日数に
450円を乗じた額と、預り保育
利用料を比較し、小さいほうが
月額1.13万円まで無償となる

※子どもが2人以上の世帯の負担減額の観点から、保育所等を
利用する最年長の子どもを第1子とカウントして、0歳から2
歳までの第2子は半額、第3子は無料となる。なお、年収360
万円未満相当世帯については第1子の年齢は問われない。
※市区町村によって、さらに独自の減免措置をとっている場合
がある。

| 障害児の
発達支援施設 | ・児童発達支援、医療型児童発達支援、居宅訪問型児童発達支援、保育所等訪問支援、福祉型障害児入所施設、医療型障害児入所施設など
・満3歳になって初めての4月1日から小学校入学までの3年間無料 |
| --- | --- |

※幼稚園、保育所、認定こども園等と併用する場合は、両方無料。
※医療費、食材料費等、利用費以外の費用は保護者負担。

教育訓練給付金対象の講座

　資格取得やスキルアップをめざす人のために、国がおよそ1万4000講座の受講料の20～70％をサポートします。教育訓練給付の申請手続き等は30ページ～参照。

問い合わせ先：最寄りのハローワーク

●対象の講座

★事務関係
実用英語技能検定、TOEIC、TOEFL、中国語検定試験　等

★医療・福祉・保健衛生
看護師、保健師、介護福祉士、介護支援専門員、保育士、栄養士、鍼師、言語聴覚士、理学療法士、作業療法士、精神保健福祉士　等

★情報関係
Webクリエイター能力認定試験、CAD利用技術者試験、建築CAD検定、Oracle認定資格、第四次産業革命スキル習得講座　等

★輸送・機械運転関係
大型自動車第一・第二種免許、大型特殊自動車免許、玉掛技能講習・フォークリフト運転・高所作業車運転技能講習、移動式クレーン運転士免許　等

★技術・農業関係
土木施工管理技士、建築施工管理技術検定、自動車整備士、電気主任技術検定、測量士　等

★専門的サービス関係
中小企業診断士、司書教諭、税理士、行政書士、司法書士、ファイナンシャルプランニング技能検定、キャリアコンサルタント　等

★営業・販売・サービス関係
インテリアコーディネーター、宅地建物取引士、調理師、美容師　等

★製造関係
製菓衛生師　等

★その他、大学・専門学校等
職業実践専門課程、専門職学位課程、職業実践力育成プログラム　等

第5章

住まいに困っている人へのサービス

住宅支援

新婚限定で家賃を
補助してくれる制度がある

対象 | 家賃支払いが困難な新婚世帯　制度 | 地域少子化対策重点推進交付金（結婚新生活支援事業）

経済的な理由で結婚に踏みきれない、また新婚世帯で余裕がない夫婦は
市区町村から新居の家賃や引っ越し費用などの補助が受けられます。

対象世帯	・新たに婚姻届けを出した夫婦で、「結婚新生活支援事業」を実施する市区町村に住んでいること（2020年11月1日現在：289市区町村）。 ※市区町村によって詳細は異なる。
条件と 補助内容	**2020年度まで** ・夫婦ともに年齢34歳以下、かつ世帯年収がおよそ480万円未満 **内容**　新居購入費、新居の家賃・敷金・礼金・共益費・仲介手数料、引っ越し費用等　最大30万円の補助 　　　　↓ **2021年度以降** ・夫婦ともに年齢39歳以下、かつ世帯収入がおよそ540万円未満 **内容**　新居購入費、新居の家賃・敷金・礼金・共益費・仲介手数料、引っ越し費用等　最大60万円の補助 **申請方法**　市区町村の担当窓口

低所得者は公営住宅に低家賃で入居できる

| 対象 | 収入が少なく、住居に困っている人 | 制度 | 公営住宅制度 |

低収入の人などを対象に低家賃で住居を提供する制度。家族がいても単身者でも、自治体それぞれの条件を満たせば入居できます。

公営住宅とは	・収入が少なく住宅に困っている人に、都道府県、市区町村が安い家賃で提供している住宅のこと。
入居の要件	・現に住宅に困窮していることが明らかであること。 ・収入が少ないこと（自治体が定めた基準内の所得であること）。 ※都道府県、市区町村によって収入の上限が異なる。 ※現在住んでいる場所や同居親族の要件が定められている場合がある。
家賃	・入居する人の収入や、住宅のタイプなどに応じた家賃（**応能応益家賃制度**）となっており、近隣の同様な民間の賃貸住宅と比べて安くなっている。 ・収入が著しく低くなったときなど、特別な事情で家賃の支払いが困難になった場合、入居者からの申出で、家賃を減免できる場合がある（**家賃減免制度**）。
申請・問い合わせ先	・入居を希望する公営住宅を管理する都道府県や市区町村の担当部局に問い合わせ、入居の募集をしている期間内に申し込むことが必要。

公営住宅の入居者が収入減少等で条件が変わると家賃が減免される

| 対象 | 公営住宅入所者で、さらに収入が少なくなった人等 | 制度 | **公営住宅家賃減免制度** |

すでに公営住宅に入居している人でも、収入が減るなど条件が変わったとき、家賃の減免※を受けることができます。

**公営住宅
家賃減免制度**

・すでに公営住宅に入居していて、収入月額が定められた基準以下で、また定められた要件に相当した場合、申請によって家賃が減免される。

※自治体によって詳細は異なる。

一般減免制度

・自治体が認定した所得額が以下に相当するとき（例）

世帯の所得額	減額率
1万4000円以下	30%
1万4001円以上～2万8000円以下	20%
2万8001円以上～4万1000円以下	10%

特別減免制度

・自治体が設定した要件を満たした世帯（例）

世帯の所得額		減額率
母子・父子世帯	20歳未満の扶養家族がある	
老人世帯（単身世帯を除く）	契約者が65歳以上で、他の世帯員がすべて60歳以上（18歳未満も含む）である	10%
中度障害者世帯	家族の中に身体障害者1～4級、精神障害者1・2級、知的障害者A・B判定の人がいる	

問い合わせ・申請先 　自治体の役所の担当窓口

※減免＝負担が減らされたり、免除されたりすること。

特に困っている世帯は公営住宅に優先入居できる

対象	特に住居に困っている高齢者世帯等	制度	公営住宅制度

住宅に困っている低額所得者の中でも、特に居住の安定確保が必要な場合は、公営住宅に優先的に入居できる制度があります。

優先入居の概要	・障害者など特に居住の安定確保が必要な人について、地方公共団体の裁量で、入居者選考で優先的に取り扱かわれる。
対象世帯	①高齢者世帯　②障害者世帯　③著しく所得の低い世帯　④母子世帯、父子世帯　⑤小さな子どものいる世帯や多子世帯等、住宅困窮度の高い子育て世帯　⑥DV被害者世帯　⑦犯罪被害により、以前の住居に住むことが難しくなった世帯　⑧中国残留邦人等の世帯
優先入居の例	・障害者手帳を持っている人の当選確率を上げる。 ・入居収入基準の世帯の月収額を緩和。 ・バリアフリー住宅を整備し、身体障害者手帳を持っている人等が入居できるようにする。 ・子育て世帯、妊娠している人のいる世帯、入籍後1年未満または婚約している40歳代までの世帯、長期間の疾病等によって歩行困難な人がいる世帯等が優先的に申し込める　など
問い合わせ先	市区町村の担当窓口

ファミリー向けに
家賃補助のある住宅がある

| 対象 | 中堅所得者層のファミリー世帯 | 制度 | 特定優良賃貸住宅（特優賃）制度 |

ファミリー層が良質の住宅を軽い負担で借りられるよう、国と地方自治体が公的な家賃補助を行っています。

特優賃制度の概要

- 特優賃とは、一定の基準を満たした賃貸住宅の本来家賃の一部を、入居する世帯の所得額に応じて、住宅の家賃を国や市区町村が負担するもの。補助金額や申請条件は、自治体によって異なる。
- **対象**　同居親族があり、自分たち家族が住むために住宅を必要とする人。
- **要件**　入居世帯の収入が一定の範囲内であること。家族数により、所得の上限・下限がある。入居後に収入基準を超過した場合は、家賃補助を行わない場合もある。
- **期間**　最長20年間

●家賃負担のイメージ

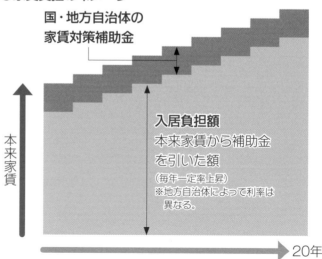

国・地方自治体の
家賃対策補助金

本来家賃

入居負担額
本来家賃から補助金
を引いた額
（毎年一定率上昇）
※地方自治体によって利率は
　異なる。

20年

特優賃制度の概要	**受付方法** ・**抽選受付**（空家入居（待機者募集）住宅） 自治体のホームページなどで年に数回募集がある。その時に、条件が合って希望する住宅に登録すると、居住者の転勤等で空き家になった時に、抽選によって紹介される。 ・**先着順受付**　空家ができて、空家入居登録者がいない場合、無抽選で先着順に受け付ける。
メリット	・**家賃が安い**　入居世帯の所得額に応じて家賃を負担してくれるので、所得が低いほど家賃の負担が少ない。 ・**初期費用が抑えられる**　仲介手数料や礼金、更新料が不要。保証人が不要の場合もある。 ・**ゆとりがある構造**　供給される住宅には面積や構造が一定の建築基準（自治体によって異なる）を満たす必要があるので、間取りや敷地、共用部分にゆとりがある。
デメリット	・**入居条件が厳しい**　世帯年収に条件がある（条件や金額は自治体によって異なる）。物件も少ない。 ・**設備が古い**　住宅設備や建具が古い場合がある。新築物件がある場合もあるが、競争率は高くなる。
資格審査に必要な書類（東京都の例）	住民税課税証明書または非課税証明書／前年分の源泉徴収票または確定申告書控／世帯全員の住民票／賃貸借契約書／印鑑登録証明書／戸籍謄本など
問い合わせ・申請・提出先	各自治体の対応窓口、地方自治体のウェブサイトなどから

失業などで住まいに困っている人を支援する制度がある

| 対象 | 住居を失う、またはそのおそれのある人 | 制度 | 生活困窮者住居確保給付金制度 |

離職・廃業等、収入の減少で家賃の支払いに困り、住居を失うおそれのある人に、家賃相当額が支給されます。

対象となる人	・離職・廃業後2年以内の人 ・個人の責任でない理由で給与を得る機会が減少し、離職や廃業と同程度の状況にある人
支給期間	・原則3カ月（延長は2回まで、最長9カ月まで）
支給額	（例）単身世帯：5万3700円、2人世帯：6万4000円、3人世帯：6万9800円
要件	・世帯収入が上限を超えないこと 　（例）単身世帯：13万8000円、2人世帯：19万4000円、3人世帯：24万1000円 ・世帯の預貯金合計額が上限を超えないこと 　（例）単身世帯：50万4700円、2人世帯：78万円、3人世帯：100万円 ・誠実かつ熱心に求職活動を行うこと
申請窓口	・住んでいる市区町村の相談窓口
支給方法	・原則、自治体から大家等に直接支払われる。

※支給額や要件は市区町村によって異なる。

●住居確保給付金支給申請書

様式第一号(第十三条関係)(表面)　　　　　　　(様式1-1記載例)　(表面)

生活困窮者住居確保給付金支給申請書

	フリガナ	コウロウ　タロウ
①氏　　名【必須】		厚労　太郎
②生年月日【必須】		昭和・平成・令和 56 年　1 月 30 日　　満（39）歳
③電話番号【必須】		×××-△△△△-○○○○　　④性別　（男）・女

⑤次の(1)又は(2)の場合であること（いずれか該当する方に記載）
(1) 離職等の場合【必須】

離職等の時期	令和○年○月
離職等した事業所	○○有限会社

(2) 第3条第2号に規定する場合【休業等の方は必須】

給与その他の業務上の収入を得る機会の減少の状況	(例1)○○デザイン事務所等を主たる客先とした、フリーイラストレーター。令和2年1月中旬頃から、発注が急減し、2月以降の受注件数は0。 (例2)△△タクシー（個人）において約○年就労。令和2年3月頃から1日平均の客数が○人から○人に激減しており、現在も回復していない。 (例3)※※株式会社において登録派遣社員として勤務。令和2年3月から○客先企業から休業を命じられている（2月の勤務日数18日、3月の勤務日数6日）

⑥離職等前に世帯の生計を主として維持していたこと又は申請月において維持していること【必須】

離職等前の雇用状況等、世帯の生計の維持にかかる状況	配偶者はパートタイム勤務で扶養家族であり、申請者が世帯の生計を維持している。

⑦次の(1)又は(2)のいずれかに該当していること（いずれか該当する方に記載）
(1) 住居を喪失していること【現にお住まいがない方は必須】

住居を喪失した時期	令和○年○月頃
喪失した住居の住所	○○県○○市
現在の状況	友人宅に居候（等）

(2) 住居を喪失するおそれがあること【現にお住まいがある方は必須】

現在の住所	〒○○○-○○○○　××県△△市○町3-2　（アパート名）○○号室
住居の家主等	(株)○○住建
喪失するおそれのある住居の家賃額	(例)月額7万円
現在の収入状況等、住居喪失のおそれがある理由、状況等	月収17万円（令和2年2月） 月収8万円（同年3月） 月収6万円（同年4月）　3月から、家賃額を支払うことが困難な状況が継続

⑧申請者及び申請者と同一の世帯に属する者の収入及び預貯金が次のとおりであること【必須】

フリガナ	コウロウ　タロウ	コウロウ　ヨシコ	コウロウ　イチロウ	コウロウ　ヨシミ	
氏名	厚労　太郎	厚労　良子	厚労　一郎	厚労　良美	合計
続柄	本　人	配偶者	子	子	
性別	男	女	男	女	
生年月日	S56.1.30	S60.5.4	H17.7.8	H20.10.28	
収入（月額）	60000円	34000円	0円	0円	94000円
預貯金等	450000円	120000円	0円	0円	570000円

※申請日の属する月の収入（月額）が確実に推計できる場合はその額を、変動があるときは収入の確定した直近3か月間の平均収入を記載する。雇用保険の失業等給付、児童扶養手当等各種手当ても合算する。

上記の申立事項に相違なく、生活困窮者自立支援法施行規則（以下「則」という。）第13条の規定により、必要書類を添えて生活困窮者住居確保給付金（以下「住居確保給付金」という。）の支給を申請します。

私の個人情報が、住居確保給付金の支給並びに臨時特例つなぎ資金及び総合支援資金の融資を行うために必要となる範囲で、則第4条第1項第2号に規定する都道府県等、公共職業安定所、社会福祉協議会及び自立相談支援機関の間で相互利用されることについて了承します。

また、裏面の注意事項について、同意します。

令和 2 年 5 月 8 日

都道府県等の長 殿

自署の場合、押印は不要→　※氏押印又は署名

申請者氏名 厚労　太郎　印

●住居確保給付金の流れ

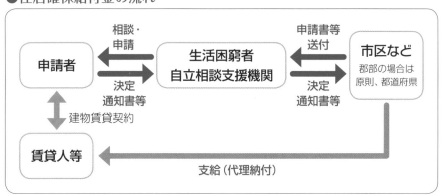

住宅ローンを利用して住宅を購入すると、税負担が軽減される

| 対象 | 住宅ローンで住宅を取得した人 | 制度 | 住宅ローン減税制度 |

住宅ローンを利用して新築や住宅を購入した場合、一定の要件を満たせば、所得税・住民税が減税されます。

制度の概要	・返済期間10年以上の住宅ローンを利用して、住宅の新築や購入をした場合、年末のローン残高の1％を所得税から10年間、税額控除する制度（控除しきれない額は翌年分の住民税から控除できる）。 ・住宅ローン減税の特例措置として、消費税が10％の住宅を取得し、2019年10月から2020年12月までに入居した場合は控除期間が13年に延長となる。 ・さらに、新型コロナウイルスの影響により、入居が遅れた場合、新築は2021年9月まで、中古住宅や増改築は同年11月までに契約しかつ2022年12月までに入居することにより、控除期間が13年に延長になる。 ・11年目から13年目までの年ごとの控除限度額は「住宅ローン年末残高の1％」または「建物購入価格（税抜）×2％÷3年」のいずれか少ない額
主な要件（一般住宅の場合）	●**新築住宅の場合**（注文住宅、建売住宅、分譲マンションすべてを含む） ・自ら所有し、居住する住宅であること。 ・住宅の引き渡しまたは工事完了から6カ月以内に居住すること。 ・床面積が50m²以上であること（2021年度より合計所得金額が1000万円以下の人は40m²以上になる予定）。 ・店舗用住宅の場合は、床面積の1/2以上が居住用であること。

主な要件 (一般住宅の 場合)	・借入金の償還期間が10年以上であること。 ・合計所得金額が3000万円以下であること　など。 ●**中古の場合**（上の要件に、さらに以下のいずれかを満たすことが必要） ①木造…築20年以内　マンション等…築25年以内 ②一定の耐震基準を満たすことが証明されるもの。 ③既存住宅売買瑕疵担保責任保険に加入していること　など。
適用を 受けるために 必要なこと	・入居した翌年の確定申告で以下の書類を税務署に提出する（給与所得者なら、2年目以降、年末調整で控除を受けられる）。 ●**一般住宅の場合** ①住宅借入金等特別控除額の計算明細書 ②住宅ローン年末残高証明書 ③登記事項証明書、請負契約書の写し、売買契約書の写し　等 ④給与等の源泉徴収票（給与所得者の場合） ⑤耐震基準適合証明書、住宅性能評価書の写しまたは既存住宅売買瑕疵保険付保証書＊ ＊中古住宅（木造：築20年超、マンション等：築25年超）を購入する場合のみ。

●住宅ローン減税制度

	住宅ローン 年末残高限度額	控除率	控除 期間	控除限度額 （年）	住民税からの 控除上限額（年）
一般の住宅	4,000万円	1%	10年間	40万円	13万6500円
長期優良住宅・ 低炭素住宅 （新築・未使用の 場合）	5,000万円	1%	10年間	50万円	13万6500円

＊長期優良住宅とは、バリアフリーや耐震性などの条件をクリアし、長期にわたり良好な状態で使用できるよう、構造や設備に認定を受けた住宅。低炭素住宅は、太陽光発電パネルや断熱サッシの設置など省エネに特化した住宅。

省エネ・断熱等の住宅リフォーム時に補助金が出る

対象 要件を満たしたリフォームをする人　制度 省エネ改修補助金・耐震化促進事業助成制度

断熱リノベと次世代建材等の省エネリフォームのほか、耐震診断、耐震工事等も補助金の対象になる場合があります。

省エネ **リフォーム** **補助金の概要**	**●断熱リノベの場合** ・一定の省エネ効果が見込まれる窓や壁の断熱材や窓の高断熱化リフォームに対し、補助される制度。 ・**対象工事**　高性能建材を利用した断熱材・ガラス・窓の改修（断熱改修）のほか、家庭用蓄電システム・家庭用蓄熱設備の導入（高性能設備：対象は戸建て住宅のみ）が含まれる。 ・**メリット**　窓のみの改修も可。光熱費節減、冷暖房の快適性向上、結露・カビの改善等が見込める。 **●次世代建材の場合** ・高断熱パネル、潜熱蓄熱建材等の付加価値を有する省エネ建材を用いた断熱リフォームに対し、補助される制度。 ・**対象工事**　断熱パネル等の次世代建材を使用した改修＋併せて行う窓・断熱材・玄関ドア等の改修。

●省エネリフォーム補助金制度

	断熱リノベ		次世代建材	
	戸建て住宅	集合住宅	戸建て住宅	集合住宅
補助金上限額	120万円／戸 (40万円／戸※)	15万円／戸	200万円／戸	125万円／戸
補助対象製品	断熱材、ガラス、窓		必須：断熱パネル、潜熱蓄熱建材	

※窓のみの改修

省エネリフォーム補助金の概要	・**メリット**　住みながら短期間で断熱リフォームができる。住宅の一部の改修でも対象になる。 ・**対象になる人**　個人の住宅所有　者または所有予定者、賃貸住宅の所有者 ・**その他の補助対象** LED照明器具、潜熱蓄熱建材の設置、高効率給湯器の設置、節水性の高いトイレへの交換、太陽光発電システムや蓄電池の導入　等
耐震工事の補助金の概要	●**要件** ・主に1976～1980年に建てられた建物の耐震補強。 ・助成金額のめやす （例）工事費用の1/2（上限150万円） ※要件・金額ともに自治体によって異なる。 ●**問い合わせ先** ・市区町村の担当窓口
地域型住宅グリーン化事業	・中小住宅生産者が連携を行い、省エネルギー性能に優れた木造住宅や耐久性能の高い建物を整備・改修する者に対し、補助金が交付される。 ・補助金の上限額は、長寿命型・高度省エネ型は110万円／戸、ゼロ・エネルギー住宅型は140万円／戸、省エネ改修型は50万円／戸。

住宅リフォーム費用の
税負担が軽減される制度がある

対象 一定の要件を満たすリフォームを行った人　**制度** **リフォーム減税制度**

高齢者や障害者が暮らしやすいように、住宅を増改築、改修、リフォームすると、ローンの有無にかかわらず税金の控除が受けられます。

省エネ リフォーム 減税制度とは	・一定の要件を満たしたリフォームを行い、確定申告すれば、所得税の控除を受けられる。10年以上の住宅ローンなら「**住宅ローン減税**」、5年以上の住宅ローンを利用すれば「**ローン型減税**」、住宅ローンを利用してもしなくても適用される「**投資型減税**」の3つがある。
住宅ローン 減税	・住宅ローンを利用し、増築、省エネ、バリアフリーリフォーム等で100万円を超える工事をした場合、住宅ローン減税が認められる。入居した年から10年間、所得税からローン残高の1％が控除され、控除しきれない分は住民税からの一部控除が受けられる。
ローン型減税	・リフォームの内容によって控除額が変わるのがローン型減税。決められた要件を満たす省エネ工事を行った場合、年末ローン残高を上限に、工事費用の2％または1％が5年間、所得税から控除される。
投資型減税	・ローンを組むほどの大規模ではなく、中程度のリフォームで、なおかつ出費を抑えたい場合、自己資金のみ、または5年未満で返済できるローンを組んで対象のリフォームを行った場合に利用できる。 ・対象のリフォームは、①「バリアフリーリフォーム」②「耐震リフォーム」③「省エネリフォーム」④「同居対応リフォーム」⑤「長期優良住宅化リフォーム」の5種類。

●リフォーム減税制度

	住宅ローン減税	ローン型減税	投資型減税
住宅ローン返済期間	10年以上	5年以上	ローンがなくても可
所得税控除の年数	最大10年間	5年間	リフォームを完了した年の分のみ
所得税控除の割合	年末のローン残高の1%	年末のローン残高のうち、バリアフリー、省エネ、同居対応、長期優良住宅化リフォーム費用の2%＋その他のリフォーム費用の1%	工事費等の10%（控除対象額が上限）※控除対象額はリフォーム内容によって異なる。
年間最大控除額	40万円	12万5000円	①バリアフリー：20万円 ②耐震 ③省エネ ④同居対応 ⑤長期優良住宅化：25万円 ③省エネ＋太陽光発電設備設置：35万円 ②耐震＋③省エネ＋⑤長期優良住宅化：50万円
工事費	100万円超	50万円超	50万円超
合計所得金額	3000万円以下	3000万円以下	3000万円以下
工事後の床面積	50m²以上	50m²以上	50m²以上
対象となる工事	増築、改築、大規模の修繕や模様替え／家屋の居室、キッチン、浴室、トイレ、納戸、玄関または廊下の一室の床、壁の前部について行う修繕・模様替えの工事／耐震工事／一定のバリアフリー改修工事／一定の省エネ改修工事　等	全ての居室のすべての窓の断熱改修工事、またはそれと合わせて行う床・壁・天井の断熱改修工事等	マイホームの耐震、バリアフリー、省エネ、同居対応、長期優良住宅化リフォーム
その他	・居住部分の工事費が工事全体の費用の1/2以上であること ・住宅の引き渡しまたは工事の完了から6か月以内に、自ら居住すること	・居住部分の工事費が工事全体の費用の1/2以上であること ・省エネ工事を行ったものが自ら所有し、居住する住宅であること ・住宅の引き渡しまたは工事の完了から6か月以内に、自ら居住し、その年の12月31日まで住み続けること	・居住部分の工事費が工事全体の費用の1/2以上であること ・住宅の引き渡しまたは工事の完了から6か月以内に、自ら居住すること ・耐震リフォームは現在の耐震基準を満たしていること　等

リフォームへの資金贈与は
贈与税がかからない

| 対象 | 父母や祖父母からリフォーム等のため資金贈与を受けた人 | 制度 | 住宅取得等資金贈与の特例 |

父母や祖父母等の直系尊属から、リフォームや新築または取得のため資金贈与を受けた場合は、一定額まで贈与税がかかりません。

住宅取得等資金	・住宅取得等資金とは、自己の居住用の住宅の新築・取得、または増改築のための資金。父母や祖父母から資金贈与を受けた場合は、贈与税が一定額まで非課税になる。
受贈者の要件	・贈与時に日本国内に住所があること ・贈与時に贈与者の直系卑属であること ・贈与年の1月1日に20歳以上であること ・贈与年の翌年3月15日までに、資金の全額をあてて、家屋の新築、取得または増改築をすること ・贈与年の翌年3月15日までにその家屋に住むこと、またはその家屋に住むのが確実と見込まれること
家屋の要件	・床面積が50m²以上240m²以下で、かつ床面積の1/2以上が受贈者の居住用の家屋であること ・増改築等では工事費用が100万円以上である　など
適用を受けるための手続き	・贈与を受けた翌年2月1日から3月15日までに、贈与税の申告書に戸籍謄本、登記事項証明書、新築・取得契約書の写し等を添付して所轄税務署に提出。

●リフォーム贈与税減税（非課税限度額）

（消費税10%適用の場合）

契約年	一般住宅	省エネ等住宅
2020年4月〜21年3月	1000万円	1500万円
2021年4月〜21年12月	700万円	1200万円

省エネリフォームをすると
固定資産税が減税される

| 対象 | 一定の省エネ改修工事を行った人 | | 制度 | 固定資産税の減額 |

住宅の省エネ改修工事を行うと、その住宅の固定資産税が減額される制度があります。所得税の控除と併用も可能です。

内容	・省エネ改修工事をした住宅の、翌年1年分の固定資産税が1/3減額される。
家屋の要件	・賃貸住宅でないこと ・2008年1月1日以前からある住宅であること ・工事後の床面積が50m²以上280m²以下で、かつ床面積の1/2以上が居住用の家屋であること
改修工事の要件	・窓の改修工事またはそれと合わせて行う、床・天井・壁の断熱改修工事 ・改修部位が省エネ基準相当に新たに適合すること 以上をすべて満たすこと
費用の要件	・工事費用が50万円超であること
適用を受けるための手続き	・工事完了後、3カ月以内に工事内容が確認できる書類等を添付して市区町村の地方税担当窓口に申告する。
必要な書類	・固定資産税減額申告書 ・増改築等工事証明書または熱損失防止改修工事証明書 ・納税義務者の住民票の写し ・省エネ改修工事が行われたことが確定できる書類等

高齢者が安全に過ごせるか家の中のチェックを

●家の中の転倒予防対策を

　高齢者の死亡事故で多いのは、1位「転倒・転落事故」、2位「誤嚥等の窒息事故」、3位「浴槽などでの溺死」（2018年消費者庁調べ）です。

　事故は家庭内など身近なところで起きているのがわかります。1位の転倒・転落事故は、疾患を含めた「要介護状態になる原因」でも上位でした。家庭内に、要介護状態や不慮の事故の原因が潜んでいます。

　そこで、転びにくい住まいの安全度をチェックしてみましょう。

　そのうえで、要支援・要介護の認定を受けた人なら、より住みやすくなるよう自宅のリフォーム費用を補助する制度を利用して転倒予防対策をしましょう。（166ページ「バリアフリー住宅へのリフォームの負担が軽減できる」参照）。

　対象となる人は、介護保険の要支援1〜2、もしくは要介護1〜5の認定を受けており、かつ自宅（介護保険被保険者証に記載されている家）に住んでいる人です。支給額は、改修工事費用の9割（一定の所得がある場合は8割、とくに高所得者は7割）が支給されます。支給限度額は20万円。上限を超えた分は自己負担となります。

●支給対象となる工事

・手すりの取付／廊下、階段、トイレなどに手すりを付ける工事
・段差の解消／リビング、廊下、トイレ、浴室などの段差や傾斜を解消するための工事
・床材の変更／リビング、浴室、階段の床材を滑りにくいものに換える工事
・扉の取換え／開き戸を引き戸や折戸などに変える工事
・便器の取換え／和式トイレを、立ち上がりやすい洋式トイレに変える工事・その他付帯して必要となる工事／手すり固定のための工事など

第6章

障害が
あったときの
サービス

障害者手帳・障害者福祉・障害年金

病気やケガで障害がある人は障害者手帳を申請できる

| 対象 | 身体に障害のある人 | 制度 | 身体障害者手帳 |

身体に障害がある人は、身体障害者福祉法に基づき、福祉サービスを受けるのに必要な証明書となる「身体障害者手帳」が交付されます。

障害者手帳	・障害者手帳は、心身に障害のあることを示す証明書で、障害の内容により「身体障害者手帳」（身体障害）「療育手帳」（知的障害）「精神障害者保健福祉手帳」（精神障害）の３種類ある。
身体障害者手帳とは？	・「**身体障害者手帳**」とは、身体（内部疾患を含む）に障害をもつ人に対して交付される手帳で、各種の福祉サービスを受けるために必要となる証明書となる。 ・手帳の交付対象となる障害は身体障害者福祉法によって定められていて、身体障害者程度等級表により１級から7級まで区分されている。ただし、７級の障害は１つでは手帳の対象にならず、2つ以上重複すれば6級以上の障害と認定され交付の対象になる。
身体障害者手帳の交付対象となる障害	身体障害者手帳の交付対象となる障害は次のようなもの。 ・視覚障害／聴覚または平衡機能の障害／音声機能、言語機能またはそしゃく機能の障害／肢体不自由／心臓、じん臓または呼吸器の機能の障害／小腸の機能の障害／ぼうこうまたは直腸の機能の障害／ヒト免疫不全ウイルスによる免疫の機能の障害／肝臓の機能の障害

**障害者手帳で
受けられる
サービス**

①各種の手当

心身障害者福祉手当、特別障害者手当、障害児福祉手当、特別児童扶養手当などの手当が受給できる。

②医療費の助成

更生医療（18歳以上）、育成医療（18歳未満）、自立支援医療(精神通院)などによって医療費が1割負担になり、自己負担分を助成する重度心身障害者医療費助成制度もある。

③日常生活用具・補装具の交付

身体機能の障害を補う補装具や特殊ベッドなどの日常生活用具が1割負担で利用できる。

④住宅面での優遇

公営住宅への入居が有利になったり、重度障害者の場合、住宅改造費の補助がある。

⑤通行・運賃の割引

JR旅客運賃、航空運賃、バス運賃、船舶運賃、タクシー、有料道路通行料などが割引になる。

⑥税金の減免

自動車税、自動車取得税の減免や、所得税・住民税、相続税・贈与税などで控除がある。

⑦NHKの受信料や携帯電話の通信料の減免など

NHKの受信料の全額・半額免除や各電話会社が行う割引サービスが受けられる。

⑧博物館や映画館の入館料の割引

公共・民間施設の博物館や映画館などの入館料が割引かれる。

※障害者の年齢や障害の状態、所得によって受けられないサービスもある。
※自治体や事業者が独自に提供するサービスを受けられることもある。

障害者手帳を
申請するときの流れ

| 対象 | 身体に障害のある人 | 制度 | 身体障害者手帳 |

身体障害者手帳を希望する場合は、市区町村の窓口で申請し交付を受けます。指定医の診断を受けますが、比較的簡単な手続きです。

手帳申請の手順	・病気やケガで受診した場合、障害者手帳の交付については医師など医療機関に相談するのが早い。人工透析やペースメーカなどが必要になる内部疾患の場合、医療機関側から障害手帳の申請を助言してくれることが多い。 ・まず、市区町村の窓口に行って申請し、窓口に用意された「**交付申請書**」と専用の「**診断書**」を受け取る。 ・交付申請書は、簡単な書類である市区町村がほとんどで、本人あるいは代理人が記入する。 ・診断書は市区町村が指定した「**指定医**」に書いてもらう。かかりつけ医がいても、指定医が書いた診断書でなければ使えない。 ・障害者手帳を申請するための診断書料は、助成してくれる市区町村もあるので窓口で相談する。
手帳を申請する時期	・身体に不具合が出たあと、なるべく早く申請するのがよいが、身体障害の場合、身体の状態が安定し障害が固定するまで通常、診断書は書いてもらえない。 ・発症から6カ月以上がめやすとされている。ただし、「障害が固定化したと医師が判断した場合」「今後症状が変化しないペースメーカの植え込みや人工肛門の造設、四肢切断」などは、6カ月経過する前に診断書を作成してもらえる。

●申請の流れ（例）

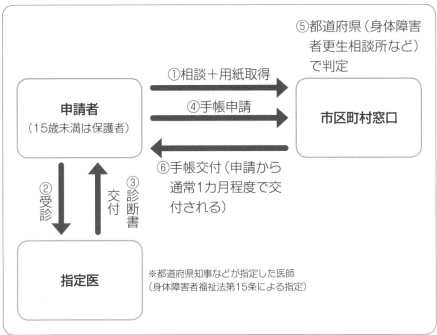

⑤都道府県（身体障害者更生相談所など）で判定

①相談＋用紙取得

④手帳申請

申請者
（15歳未満は保護者）

市区町村窓口

②受診

③交付

診断書

⑥手帳交付（申請から通常1カ月程度で交付される）

指定医

※都道府県知事などが指定した医師
（身体障害者福祉法第15条による指定）

●申請時に必要なもの

①交付申請書（福祉担当窓口に用意されたもの）

②指定医が作成した診断書（所定の様式のもの）

※診断書の有効期限は自治体によって違う（例＝埼玉県・群馬県内の市区町村3カ月、東京都内の市区町村1年など）ので、担当窓口に確認を。

③印鑑（認め印）

④本人の顔写真（タテ4cm×ヨコ3cm）

※撮影から1年以内のもので、脱帽。ポラロイド写真や普通紙に印刷した写真は使用不可。

⑤マイナンバーがわかる書類（いずれか）

・本人の個人カード（写し可）
・番号通知カード（写し可）
・住民票の写し（番号記載）

内部疾患の人も
障害者手帳が申請できる

対象 | 内部疾患のある人　　制度 | 身体障害者手帳

肢体不自由などの身体障害だけでなく、心臓病やじん臓病などの内部疾患の人も、身体障害者手帳の対象になります。

**人工透析を
受けている人**

- 慢性じん不全や糖尿病などによってじん機能が著しく低下した場合、透析療法が選ばれることがある。その場合、身体障害者手帳が申請によって交付され障害程度等級の1級に認定される。
- 手帳により人工透析の医療費は、公的医療保険の「**長期高額疾病（特定疾病）**」の高額療養費の特例として給付され、透析治療の自己負担は1カ月1万円が上限となる（一定以上の所得のある人は2万円が上限）。
- 自己負担分は、障害者総合支援法の「**自立支援医療（更生・育成医療）**」により世帯の所得によって助成される。
- 多くの場合、人工透析は無料で受けることができる。

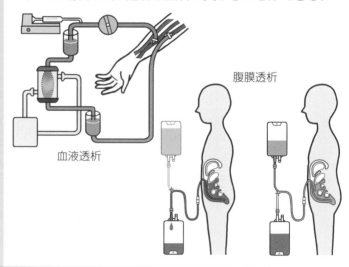

血液透析

腹膜透析

ペースメーカを植え込んでいる人	・心不全症状や狭心症症状、アダムスストークス発作（心臓から脳への血流が急激に減少してめまいが起こる）などが見られ、X線などの所見で一定の症状が見られる場合、身体障害手帳が申請できる。 ・身体にペースメーカを植え込み、日常生活が極端に制限されている場合、身体障害者手帳の障害程度等級1級に認定される。
在宅酸素療法を受けている人	・呼吸不全や慢性閉塞性肺疾患（COPD）などによって、体に必要な酸素が取り込めず日常生活に支障が出るようなら身体障害者手帳の交付対象になる。 ・障害の等級は1秒間の呼気量によって予測される呼吸障害の度合いと、その障害によって日常生活活動にどのくらい制限があるかなどによって判定される。
人工肛門を造設した人	・大腸がんの後遺症などによりぼうこうや大腸に障害が出てストマ（腹部に造られた排せつ口）や腸ろう（腸に穴を開け栄養を注入する栄養法）を造設したために日常生活に支障が出るようなら身体障害者手帳が申請できる。 ・生活上の制限や機能障害の状態によって1級・3級・4級（2級はない）に認定される。
手帳の申請先	市区町村の障害者担当窓口
申請に必要なもの	①交付申請書（市区町村の窓口で交付） ②都道府県が指定した指定医が作成した診断書（所定の様式のもの） ③その他（印鑑・顔写真・本人のマイナンバーがわかる書類） ※手帳申請の流れは131ページ参照。

うつ病などでも障害者手帳が申請できる

| 対象 | 精神障害者 | 制度 | 精神障害者保健福祉手帳 |

うつ病など、一定の精神障害の状態にあることを認定された場合、「精神障害者保健福祉手帳」が交付されます。

増え続ける傾向の精神障害者	・精神障害者数は、2012年・2017年版の『障害者白書』(内閣府)でそれぞれ323万3千人・392万4千人、2019年が419万3千人と増え続ける傾向にある。
精神障害者に交付される障害者手帳	・精神障害のために、長期にわたって日常生活、または社会生活への制約があると認められた場合に交付されるのが「**精神障害者保健福祉手帳**」。 ・この手帳を取得すれば各種の福祉サービスが利用でき、社会参加ができやすくなる。
障害の程度と交付の判定基準	対象となる代表的な疾患名や精神状態により1～3段階の等級があり、利用できるサービスの内容が違う。 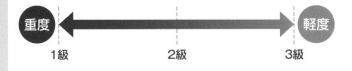
手帳申請の手順	・精神障害者保健福祉手帳は、住所地の市区町村の窓口を経由して、都道府県知事(政令指定都市の場合は市長)に申請する。 ・有効期限は交付日から2年が経過する日の属する月の末日となっていて、2年ごとに認定を受けなければならない。 ・申請の手順は市区町村の担当窓口で「交付申請書」「所定の診断書用紙」を受け取る。

| 手帳申請の手順 | ・かかりつけ医に診断書を作成してもらい、担当窓口に申請する。診断書は初診日(対象の疾患で初めて診察を受けた日)から6カ月経過した日以降のもの。
・診断書の代わりに、障害年金を受給している人であれば「障害年金の関連書類」でも申請が可能。 |

●申請の流れ(例)

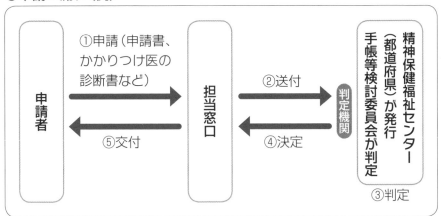

| 申請時に必要なもの | ①**交付申請書**(担当窓口に用意されたもの)
②**医師の診断書**(所定の様式のもの)
※診断書は有効期限があるので、担当窓口に確認を。
(診断書の代わりとなる障害年金の関連書類)
　次の3つの書類が必要です。
・年金証書(あるいは写し)
・直近の振込み(送金)通知書
・同意書(年金事務所に障害年金の情報を問い合わせることへの)
③**印鑑**(認め印)
④**本人の顔写真**(タテ4cm×ヨコ3cm)
※写真の添付が任意の自治体は不要。
⑤**マイナンバーがわかる書類**(いずれか)
・本人の個人カード(写し可)
・番号通知カード(写し可)
・住民票の写し(番号記載) |

発達障害の人も
障害者手帳が申請できる

| 対象 | 発達障害の人 | 制度 | 療育手帳・精神障害者保健福祉手帳 |

発達障害や高次脳機能障害の人は、発達障害者支援法などにより、知的・精神の障害があれば、それらの制度による手帳が交付されます。

発達障害者の手帳の種類	・2005年4月に施行された発達障害者支援法により、これまで制度の谷間にあって必要な支援が届きにくかった「**発達障害**」の人も各種の支援の対象になった。 ・障害者手帳を希望するとき、療育手帳、精神障害者保健福祉手帳のいずれか交付基準に該当していれば取得することができる。
発達障害の種類	①**自閉症**　言葉の発達の遅れ／コミュニケーションの障害／対人関係・社会性の障害／パターン化した行動、こだわり ②**アスペルガー症候群**　基本的に、言葉の発達の遅れはない／コミュニケーションの障害／対人関係・社会性の障害／パターン化した行動、興味・関心のかたより／不器用（言語発達に比べて） ③**注意欠陥多動性障害　ADHD**　不注意（集中できない）／多動・多弁（じっとしていられない）／衝動的に行動する（考えるよりも先に動く） ④**学習障害　LD**　「読む」、「書く」、「計算する」などの能力が、全体的な知的発達に比べて極端に苦手 ※厚生労働省「発達障害の理解のために」パンフレットより
高次脳機能障害者の手帳の種類	・「**高次脳機能障害**」とは、交通事故や転倒などによる脳外傷や低酸素脳症、脳血管障害、脳腫瘍などによって脳に損傷を受けて日常生活や社会生活が困難になる障害をいう。

高次脳機能障害者の手帳の種類	・一般的なケースでは、高次脳機能障害によって日常生活や社会生活に制約があると診断されれば「器質性精神障害」として、精神障害者保健福祉手帳の申請対象になる。
いずれも支援センターが支援を行う	・発達障害者も高次脳機能障害者も、どのような支援を受けられるのか、まだよく理解されていないことから、各地域に支援センターが設置されている。 ・就労や各種のサービスの利用などについて専門的なアドバイスが受けられるので、相談するとよい。場所は各自治体の窓口で聞くかホームページで確認する。 発達障害者＝発達障害者支援センター 高次脳機能障害者＝高次脳機能障害支援センター

●障害手帳の交付の概要

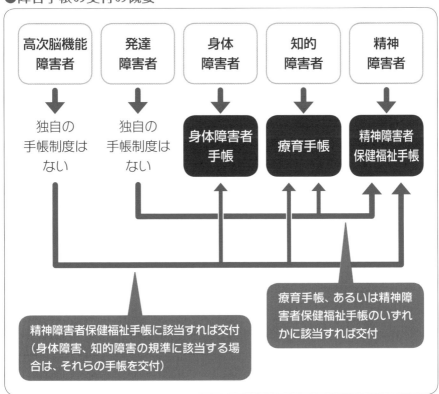

都道府県には障害者の医療費を助成する制度がある

| 対象 | 障害のある人 | 制度 | 心身障害者医療費助成制度 |

障害がある人と家族の経済的負担を軽減するため、医療費の一部負担金を県と市区町村で助成する制度です。

自治体によって内容は異なる	・心身に障害のある人が医療を受けた際に、医療費を助成する制度。都道府県や市区町村が実施しているものなので地域によって対象となる障害の程度や、助成の内容は異なる。 ・助成の対象は保険診療で、また多くの場合、受給には所得の制限がある。 **（助成の対象にならない費用）** ・差額ベッド代／特別注文の義歯、金属冠／予防接種代／健康診断代 など ・障害の程度としては、重度の身体障害者手帳もしくは療育手帳の所持者が対象となっている場合が多いが、精神障害者保健福祉手帳1級所持者も対象となっている自治体もある。 ・自治体によって「心身障害者医療費助成制度」あるいは「重度心身障害者医療費助成制度」と制度名が異なる。
利用方法	・医療費助成を受けようとする場合は心身障害者（児）医療費助成の「受給者証」を交付してもらう。 ・医療機関を利用する場合は、健康保険証と一緒に「受給者証」を医療機関窓口に提示する。 ・居住する地域外の医療機関を利用する場合は、「医療費助成申請書」などによって払い戻しの申請が必要となる。

受給者証の 申請手続き	・受給者証の交付の手続きは市区町村の窓口で行う。 必要な書類などは次の通り。 **（東京都の場合）** ・身体障害者手帳、愛の手帳（療育手帳）、精神障害者保 健福祉手帳 ・健康保険証 ・印鑑（朱肉を使うもの）

●対象者と助成範囲の例
（東京都の場合）

対象者	・身体障害者手帳1級、2級所持者 （心臓・じん臓・呼吸器・ぼうこう・直腸・小腸・ヒト免疫不全ウイルスによる免疫・肝機能障害の内部障害は3級も対象） ・愛の手帳（療育手帳）1度、2度所持者 ・精神障害者保健福祉手帳1級所持者
所得制限基準額	年間3,604,000円 （本人の所得。本人に扶養親族がいない場合）
助成内容	・住民税課税者は1割負担（ただし限度額あり） ・住民税非課税者は負担なし
助成範囲	医療保険の対象となる医療費、薬剤費など

（石川県の場合）

対象者	・身体障害者手帳1級～3級 ・療育手帳A・B（Bの場合は入院費のみ助成）
助成内容	・保険診療分 （医療保険が適用された医療費）の自己負担額 ※高額療養費や付加給付は助成対象より控除
助成範囲	医療保険の対象となる医療費、薬剤費など

精神障害や人工透析など
医療費を給付する制度がある

対象 | 対象となる障害者　制度 | 自立支援医療

心身の障害を治療するための医療費に対して、自己負担額を軽減するための「自立支援医療」という給付制度があります。

自立支援制度の対象者	・「自立支援医療」は、心身の障害を除去・軽減するための医療について、医療費の自己負担額を軽減する制度。 ・3つの制度に大別され、それぞれ対象が異なる。 **①精神通院医療** 　特定の精神疾患がある人で、通院による精神医療を継続的に必要とする人。 **②更生医療** 　特定の身体障害がある人で、手術などの治療により、確実に効果が期待できる18歳以上の人。 **③育成医療** 　特定の障害をもつ児童で、手術などの治療により確実に効果が期待できる18歳未満の人。また、障害にかかわる医療を行わないと、将来障害を残すと認められる疾患がある児童。
自己負担額と申請方法	・自己負担額は原則1割となるが、世帯の市区町村民税または本人の収入に応じて、月ごとに負担上限額が設定されている。 ・対象となる疾患は、それぞれ規定する法律が異なるため、支給を希望する場合は窓口に相談する。 ・申請の窓口はすべて市区町村だが、精神通院医療のみ都道府県が実施主体となっている。 ・更生医療については、市区町村に申請したのち、身体障害者更生相談所が支給認定の判定を行う。 ・一定の負担能力があっても、継続的に相当額の医療費が生じている人（高額治療継続者＝「重度かつ継続」）

自己負担額と申請方法	には、1カ月当たりの負担額を設定するなどの軽減措置がとられている。 ・入院時の食事療養費または生活療養費（いずれも自己負担相当）は原則自己負担になる。

●自立支援医療における利用者負担

所得区分		更生医療・精神通院医療	育成医療	重度かつ継続
一定所得以上	市区町村民税 23万5000円以上	対象外	対象外	2万円
中間所得 中間所得2	市区町村民税課税以上 23万5000円未満	医療保険の高度療養費※	1万円	1万円
中間所得 中間所得1	市区町村民税課税以上 3万3000円未満		5000円	5000円
低所得2	市区町村民税非課税 （本人収入が80万1円以上）	5000円	5000円	5000円
低所得1	市区町村民税非課税 （本人収入が80万円以下）	2500円	2500円	2500円
生活保護	生活保護世帯	0円	0円	0円

※精神通院のほとんどは「重度かつ継続」

自立支援医療の対象となるおもな疾患・障害	**●精神通院医療** ①病状性を含む器質性精神障害、②精神作用物質使用による精神及び行動の障害、③統合失調症、統合失調型障害及び妄想性障害、④気分障害、⑤てんかん　など **●更生医療** ①白内障、網膜剥離、瞳孔閉鎖、角膜混濁、②鼓膜穿孔、外耳性難聴、③外傷性または手術後に生じる発音構語障害、④関節拘縮、関節硬直、⑤内部疾患（心臓）先天性疾患、後天性心疾患、（腎臓、肝臓、小腸）機能障害、（免疫）HIVによる機能障害 **●育成医療** ①白内障、先天性緑内障、②先天性耳奇形、③口蓋裂等、④先天性股関節脱臼、脊椎側弯症、くる病、（※心臓、腎臓、肝臓、小腸、免疫は更生医療と同じ）

障害者は税金面での
さまざまな特例がある

対象 | 対象となる障害者　制度 | 障害者手帳

障害者本人・扶養者を対象に所得税・住民税の所得控除や相続税の特例
などの制度があります。

所得税や 相続税の特例	・障害者は社会生活（働く場）に一定の制限があるために、それを補う税制面での特例がある。 ・障害者本人や障害者を扶養している人は、所得税・住民税を申告する際に所得控除を受けられる。また、障害者本人は相続税の税額控除や、贈与税の非課税枠が大きい。 ・自動車税や自動車取得税の減免制度もある。また、一定額の預貯金などの利子も、手続きを行えば非課税の適用を受けることができる。
障害者の 相続税の控除	・相続人が障害者であるとき、85歳に達するまでの年数1年につき10万円（特別障害者20万円）が障害者控除として相続税額から差し引かれる。 ●障害者の相続税控除の例 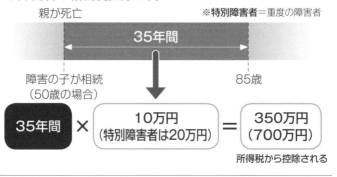
自動車税・自動車 取得税の減免	・一定以上の障害のある人の通院、通学、通所または生業に使用する自動車について、次のページの要件を満

●障害者の相続税控除の例

親が死亡　　　　　　　　　　　　※**特別障害者**＝重度の障害者

35年間

障害の子が相続　　　　　　　　　　85歳
（50歳の場合）

35年間 × 10万円（特別障害者は20万円） ＝ 350万円（700万円）

所得税から控除される

自動車税・ 自動車取得税 の減免	たす場合、1人につき1台限り自動車税・自動車取得税が減免になる。 例）東京都の場合 ① **自動車税**　4月1日現在で所有している自動車税が上限45,000円まで減免される。 ② **自動車取得税**　300万円×該当する車の税率を上限に減免される。 　取得価格が300万円以下の自動車の場合は、全額減免される。 ※自治体により、減免の額や対象となる手帳の等級が異なる。

● 減免の対象となる自動車の要件（埼玉県の場合）

自動車の所有者（納税義務者）	自動車の運転手
障害者本人	障害者本人または障害者と同一生計の人
障害者本人と障害者と同一生計の家族など	障害者本人または障害者と同一生計の人
障害者本人（世帯に運転免許証を有する家族などがいない場合）	障害者を常時介護する人

● 障害者本人が受けられる特例一覧

特例の区分	障害者	特別障害者
所得税の障害者控除※	27万円を所得控除	40万円を所得控除 ※同居特別障害者75万円
住民税の障害者控除※	26万円を所得控除	30万円を所得控除 ※同居特別障害者53万円
相続税の障害者控除 （税額控除）	障害者が85歳に達するまでの年数1年につき10万円を税額から控除	障害者が85歳に達するまでの年数1年につき20万円を税額から控除
障害者に対する 贈与税の非課税	中程度の知的障害者などは、信託受益権の価額のうち3,000万円まで→非課税	信託受益権の価額のうち6,000万円まで→非課税
自動車税・ 自動車取得税の減免	自動車税は45,000円まで減免、自動車取得税は取得価格が300万円まで全額減免	
心身障害者扶養 共済制度に基づく 給付金の非課税	給付金→非課税（所得税） 相続や贈与による給付金を受ける権利の取得→非課税（相続税・贈与税）	
少額貯蓄の利子等の 非課税	350万円までの預貯金等の利子等→非課税（所得税）	

※扶養者の控除・減免が受けられる。

介護や就労支援などの
サービスが受けられる

| 対象 | 対象となる障害者 | 制度 | 障害者総合支援法 |

福祉サービスの充実を図るための「障害者総合支援法」では、障害者の介護や自立訓練・就労移行などへの支援が規定されています。

障害者 総合支援法	・「障害者総合支援法」に基づくサービスは、個々の障害の程度等を踏まえ、利用者に個別に給付される「**自立支援給付**」と、地域特性に応じて柔軟に実施される「**地域生活支援事業**」に大別される。 ・「自立支援給付」は、障害のある人が必要なサービスを個別に選択して利用できるもので、費用のほとんど（または全額）が給付金によってまかなわれる。 ・主な「自立支援給付」には、「**介護給付費**」「**訓練等給付費**」「**自立支援医療費**」「**補装具費**」などがある。
おもな 介護給付	**居宅介護（ホームヘルプ）** ・利用者の自宅で、入浴、排泄、食事などの身体介護、調理、洗濯、掃除などの家事援助、生活全般にわたる援助を行う。通院時の介助（通院等介助）、介護タクシーを利用する際の介助（通院等乗降介助）も行う。 **同行援護** ・視覚障害によって移動が著しく困難な人に、移動に必要な情報の提供（代筆・代読を含む）や、移動の援護など、外出の支援を行う。 **行動援護** ・重度の知的障害や精神障害で自己判断能力が働かない人が行動する際に、危険を回避するために必要な支援や外出の支援を行う。 **療養介護** ・医療的ケアと常時介護が必要な人に、医療機関での訓練を行うとともに、療養上の管理、看護、介護や日

	常生活の世話をする。
おもな 介護給付	**生活介護** ・常に介護を必要とする人に、昼間、入浴・排泄・食事などの介護を行うとともに、施設での創作活動や生産活動の機会を提供する。 **短期入所（ショートステイ）** ・家庭内で一時的に介護ができない場合などに、短期間、夜間も含めて、施設などで入浴、排泄、食事などの介護を行う。 **重度障害者等包括支援** ・介護の必要性が非常に高い重度の障害がある人に、居宅介護など複数のサービスを24時間体制で包括的に行う。 **施設入所支援** ・日中、施設などで活動する人に、夜間や休日、別の施設で入浴、排泄、食事などの介護を行う。
おもな 訓練等給付	**機能訓練** ・地域生活を送るうえで、身体的リハビリテーションが必要と判断された身体障害のある人に、一定期間、身体機能の維持・回復に必要な訓練を行う。 **生活訓練** ・地域生活を送るうえで、生活能力の維持・向上が必要な知的障害・精神障害のある人に、一定期間、食事や家事などの訓練を行う。 **就労移行支援** ・一般企業などへの就労を希望する人に、就労に必要な知識や能力の向上に必要な訓練を、一定期間行う。 **就労継続支援（A型・B型）** ・一般企業などでの就労が困難な人に、働く場を提供するとともに、知識や能力向上のための訓練を行う。 **共同生活援助（グループホーム）** ・日中、活動する場のある人が、障害のある人たちと共同生活を送りながら、夜間や休日に日常生活の援助を受ける。

がんや糖尿病、精神疾患でも障害年金が受けられる

| 対象 | 障害のある人 | 制度 | 障害基礎年金、障害厚生年金 |

障害年金は病気やケガなどで障害を負ったときの生活保障として支給されるものですが、受け取るにはいくつかの要件があります。

障害年金とは	・病気やケガなどで障害を負ったときは、公的年金から生活の保障として「**障害年金**」が支給される。 ・障害年金は、眼や耳、手足などの障害だけでなく、がんや糖尿病、心疾患、呼吸器疾患、精神疾患でも支給の対象となる。
障害年金の種類	・障害年金には、「**障害基礎年金**」と「**障害厚生年金**」があり、障害の原因となった病気やけがで、初めて医師等の診療を受けた日（初診日）に、加入していた年金制度により、受け取れる障害年金の種類が異なる。 ・「**初診日**」に国民年金加入中であれば「障害基礎年金」、厚生年金加入中であれば「障害厚生年金」が支給される。また、厚生年金に加入している人は同時に国民年金にも加入しているため（184ページ参照）、1級または2級の障害等級に該当すれば「障害厚生年金」と「障害基礎年金」があわせて受け取れる。
受け取るための要件	・障害年金を受け取るには、下記の要件を満たすことが必要となる。 ① 初めて医師等の診療を受けた日（初診日）に公的年金に加入していた ②初診日の前日時点で、初診日の前々月までの年金加入期間の3分の2以上の保険料を納付（免除でもよい）している（初診日が2026年3月までの特例として直前1年間に未納期間がないこと）。 ③障害の程度が「**障害認定日**」※またはそれ以後65歳に

受け取る ための要件	なるまでに「**障害等級**」に該当する（障害基礎年金は1級、2級、障害厚生年金は1級～3級に該当）。 ※「障害認定日」とは、初診日から1年6カ月を経過した日、またはその日以内に症状が固定した日をいう。 ・障害年金が支給される「障害の程度」については、程度の重い方から1級～3級の障害等級が定められている。なお、身体障害者手帳の等級とは異なる。
厚生年金には 一時金もある	・障害厚生年金は障害等級3級までとなるが、3級よりやや軽い程度の障害が初診日から5年以内に治り、上記①初診日の要件や②保険料の納付要件を満たせば「**障害手当金**」という一時金が支給される。

●障害の程度

重い　　障害の程度　　軽い

初診日に厚生年金加入：

障害厚生年金 1級	障害厚生年金 2級	障害厚生年金 3級	障害手当金

初診日に国民年金加入：

障害基礎年金 1級	障害基礎年金 2級

※初診日が厚生年金に加入し、障害等級1、2級に該当する場合は障害厚生年金1、2級と障害基礎年金1、2級を合わせて受給できる

1級	日常生活に著しい支障があり、常に他人の介助が必要な状態
2級	日常生活に支障があり、他人の介助は必ずしも必要ではないが、日常生活に著しい制限を受ける
3級	労働が著しい制限を受けるか、または労働に著しい制限を加えることを必要とする程度のもの
障害手当金	労働が制限を受けるかまたは労働に制限を加えることを必要とする程度のもの。3級よりやや軽い障害が残った場合

受け取れる障害年金の額はどのくらい

対象 | 障害のある人 | 制度 | 障害基礎年金、障害厚生年金

障害年金の額は初診日に加入していた年金制度、障害の程度、配偶者の有無や子の数などにより異なります。

障害年金の額	・障害年金の額は、加入していた年金制度や障害の程度、配偶者の有無や子どもの数などによって異なる。 ・「**障害基礎年金**」の額は固定で1級は977,125円、2級は781,700円。 ・「**障害厚生年金**」の額は、厚生年金加入期間中に受けた収入や加入期間に応じて算出された「報酬比例の年金額」が支給される。金額は個人ごとに異なる。 ・2級、3級は報酬比例の年金額が支給されるが、3級の額は最低保証額（586,300円）がある。1級の額は2級の額の1.25倍となる。 ・厚生年金の加入期間が短い人は年金額が少額になるため、300月加入したとみなして計算される。 ・一時金で受け取る障害手当金の額は報酬比例額の年金額×2）で、最低保証額は1,172,600円となる。
配偶者や子がいる場合は加算	・障害年金を受ける人に配偶者や子がいる場合、家族手当の意味合いで配偶者の加給年金や子の加算がある。 ・「**障害基礎年金**」には子の加算があり、18歳になって最初の3月31日までの子（または1級・2級の障害の状態にある20歳未満の子）がいれば、子ども2人までは1人につき224,900円、3人目以降は1人につき75,000円が支給される。 ・1級または2級の「**障害厚生年金**」を受ける人に65歳未満の配偶者がいる場合には224,900円の「**加給年金**」が加算されて支給される。ただし3級の障害厚生年金には配偶者の加給年金は加算されない。

※本文、図中の年金額は2020年度額

●障害年金の額

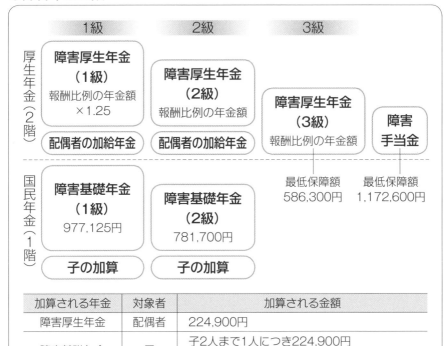

加算される年金	対象者	加算される金額
障害厚生年金	配偶者	224,900円
障害基礎年金	子	子2人まで1人につき224,900円 子3人目から1人につき75,000円

●障害年金受給額の例

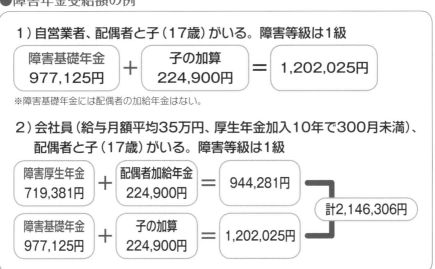

1）自営業者、配偶者と子（17歳）がいる。障害等級は1級

障害基礎年金 977,125円 ＋ 子の加算 224,900円 ＝ 1,202,025円

※障害基礎年金には配偶者の加給年金はない。

2）会社員（給与月額平均35万円、厚生年金加入10年で300月未満）、配偶者と子（17歳）がいる。障害等級は1級

障害厚生年金 719,381円 ＋ 配偶者加給年金 224,900円 ＝ 944,281円

障害基礎年金 977,125円 ＋ 子の加算 224,900円 ＝ 1,202,025円

計2,146,306円

障害年金を受けるには
請求が必要

| 対象 | 障害のある人 | 制度 | 障害基礎年金、障害厚生年金 |

障害年金の請求には、**複雑な手続きが必要**となるため、年金事務所で相談してから請求するとスムーズに進みます。

障害年金の請求は事前相談が必要	・障害年金を受けるには、請求の手続きが必要となる。障害者手帳とは別の制度のため、障害者手帳を交付された人が障害年金を受給できるとは限らない。 ・障害年金請求の手続きはさまざまな書類を揃える必要があり複雑となっている。また、初診日からの病歴や年数、障害の原因となった部位、配偶者や子の有無などにより添付書類が異なるため、年金事務所で事前に相談してから請求するとスムーズに進む。
20歳前の傷病で障害基礎年金が受給できる	・生まれつき障害のある人や20歳前にケガや病気で障害を負った人は、20歳から「**20歳前の障害基礎年金**」が受給できる。 ・「20歳前の障害基礎年金」は基本的に20歳になった時（**障害認定日**）に請求する。初診日は明確にする必要があるが、20歳まで公的年金に加入し国民年金の保険料を支払う義務はないため、他の障害年金と違い保険料の納付要件は必要ない。
障害年金請求に提出する添付書類（主なもの）	・受診状況等証明書：初診日の確認書類。医療機関作成。 ・診断書：医療機関が作成。所定の書式で障害の部位ごとに8種類ある。 ・病歴・就労状況等申立書：発病から初診までの経緯や受診・就労状況等について本人または代理人が記入。 ・預貯金通帳またはキャッシュカード ・年金手帳　・印鑑（認印可） ・加給年金、子の加算がある場合は戸籍謄（抄）本

請求書提出先	・障害基礎年金は市区町村役場、障害厚生年金は年金事務所に年金請求書と添付書類を提出
請求から受給まで	・年金請求書の提出後、日本年金機構で審査が行われ、支給決定まで通常3カ月程度かかる。その後1～2カ月で支給が開始される。

●診断書の種類

様式120号の1	眼
様式120号の2	聴覚、鼻腔機能、そしゃく、嚥下機能、言語機能
様式120号の3	肢体の障害用
様式120号の4	精神の障害用
様式120号の5	呼吸器疾患
様式120号の6-（1）	循環器疾患
様式120号の6-（2）	腎疾患、肝疾患、糖尿病
様式120号の7	血液・造血器、その他

●障害年金の請求手続きから受給まで

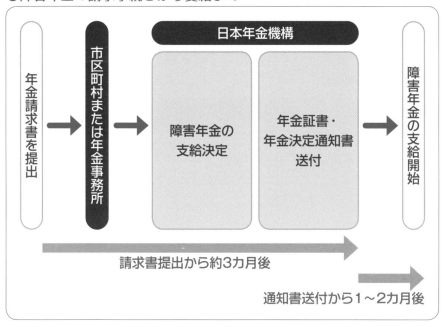

障害のある人の働く場である「特例子会社」とは?

●障害者を雇用している割合を示す「法定雇用率」

「障害者雇用促進法」では、民間企業や国、地方公共団体が人を雇うとき、一定の割合で障害者を雇用しなければならないことになっています。この割合を法定雇用率といって、この雇用率に達していない事業者から納付金を徴収し、障害者の雇用に積極的に取り組んで、雇用率を超えている事業者には、調整金や報奨金を支払うしくみになっています。こうした障害者の雇用については、自社だけでなく、子会社も認められています。こうした障害者の雇用を目的に設立された会社が「特例子会社」です。

●職場環境が整っているのが最大のメリット

特例子会社は、障害のある人たちのためにつくられた会社であるため、施設や設備においても障害者が働きやすい環境が整備されています。

また、障害に配慮した短時間勤務や通院などのための休暇、定期的な面談や相談、能力向上のための指導など、社内での支援体制が整っているなど、以下のようなメリットもあります。

①快適な職場環境
・バリアフリーなど障害者に配慮した設備
・短時間勤務やフレックスタイム、通院のための休暇など、勤務時間が柔軟に決められる

②障害のある人に適した仕事の選定
・障害の特性に合わせた仕事が選定されるので業務に無理がない

③能力の向上のための支援
・業務についての支援や指導を行うスタッフが配置されている
・定期的な面談や相談が行われる

④障害のある人同士の仲間意識
・障害があることによる疎外感がなく、互いに助け合える

第7章

高齢者で
介護が必要に
なったときの
サービス

介護保険・高齢者福祉

介護保険料を納めているが、どのように徴収されているのか?

対象　40歳以上　制度　介護保険

介護保険料は40歳から納めますが、40〜64歳の人は健康保険料の一部として納付し、65歳以上の人は原則、年金から天引きされます。

介護保険料は40歳から、だれもが納める

・介護サービスを利用すると、自己負担額以外の7〜9割分については介護保険の財源によってまかなわれている。

・その財源となるのが、税金と40歳以上から納める「介護保険料」で、介護保険料の納付には、特別な手続きは不要で、40〜64歳の「**第2号被保険者**」は健康保険料の一部として納付し、65歳以上の「**第1号被保険者**」は原則、年金から「介護保険料」として天引きされる。

・公的年金の保険料は一定年齢で納付が終了するものだが、介護保険料は「一生涯払い続けるもの」。

第2号被保険者
40歳から64歳の人
健康保険料の一部
として納める

第1号被保険者
65歳以上の人
原則、年金から
天引きされる

介護保険の保険料の納め方

・介護保険の運営（保険者）は市区町村単位で行っているが、その財源は50%が税金で、残りの50%は被保険者が支払う介護保険料でまかなわれている。被保険者の保険料は市区町村の事業規模によって違うので、全国一律ではない。また所得によっても保険料は異なる。

介護保険の 保険料の 納め方	・保険料の納め方は40〜64歳の人は国民健康保険料 （税）や職場の健康保険料といっしょに納める。 ・65歳以上の人で年金の給付額が18万円以上の人は年 金から天引きされる（特別徴収）。特別徴収に該当し ない人は役所から送られてくる「納付書」を用いて各 自で納める（普通徴収）。

●40〜64歳の人（第2号被保険者）の納め方

	保険料の決め方	納め方
自営業など 国民健康保険 の加入者	世帯に属している第2号被 保険者の人数や所得などに よって決まる。（市区町村ご とに算出式が異なる）	同じ世帯の第2号被保 険者全員分を世帯主が 口座振替などで納める。
会社員など 被用者保険 の加入者	健康保険組合、共済組合な ど、加入している医療保険 の算定方式に基づいて決ま る。	労使折半で事業主と被 保険者が半分ずつ負担。 被保険者の分は給与か ら天引きされる。

●65歳以上の人（第1号被保険者）の納め方

①特別徴収 （年金の給付額が年額 18万円以上の人）	介護保険の保険料は年金の支給月、年6回に分け て天引きされる。 　4月　　6月　　8月　　10月　　12月　　2月 特別徴収の対象となる年金は、老齢年金、障害年 金、遺族年金。
②普通徴収 （特別徴収に該当しな い人）	保険者(市区町村)から送られてくる納付書で納め る。また口座振替も可能。

※普通徴収の人は口座振替を選択することができるが、特別徴収に該当する人はすべて年金から引き落と
され、口座振替を選択することはできない。

保険料が払えない場合は減免・猶予してもらえる

| 対象 | 40歳以上 | 制度 | 介護保険 |

介護保険では災害に遭ったり失業したり、収入が少なく生活が苦しい場合、保険料が減免または猶予される制度があります。

保険料の減免・猶予	・介護保険では、災害に遭ったり失業などによって所得が大幅に減少した場合など、特別な事情により納付が困難になったとき、保険料が減免になったり、徴収が猶予される制度がある。
減免・猶予の内容	・期限までに納付が困難であると認められる場合は、6カ月以内の範囲で徴収を猶予。 ・納付が困難で特に減免が必要と認められる場合は、保険料の4分の1～全額を減免。 ※減免・猶予の内容は市区町村により異なる
保険料が減免になる場合	①災害により、住宅、家財に著しい損害を受けた場合 ②失業・長期入院などにより、所得が著しく減少した場合 ③収入が少なく生活が著しく困窮している場合 ・該当する場合は保険料の納期限までに申請が必要となるので、市区町村の介護保険の窓口に相談する。 

対象者	・生活保護を受給していない。 ・本人及び同一生計の世帯員全員の収入が一定の額以下である。 ・預貯金などの合計額が、一定の額以下である。 ・介護保険料を滞納していない　など ※市区町村により条件が異なる。
減免・猶予の申請先	市区町村の介護保険課
申請に 必要なもの	①介護保険料減免・徴収猶予申請書（市区町村窓口で交付） ②理由を証明する書類

●介護保険料減免・徴収猶予申請書サンプル

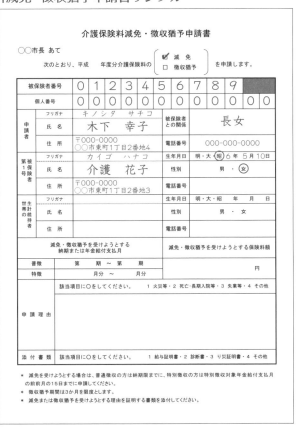

151

介護保険料を滞納すると どうなるのか?

| 対象 | 40歳以上 | 制度 | 介護保険 |

介護保険料を納めないと20日以内に督促状が届きます。滞納すると延滞金が発生するので、生活困窮の場合は、市区町村の窓口で相談を。

| 滞納による
延滞金 | ・介護保険料は健康保険料や年金と関連させて納めるため、滞納する人は少ないが、なんらかの事情で納付期限までに納められない場合、納付期限が過ぎたら、20日以内に市区町村より督促状が届く。
・この時点で延滞金が加算され、督促状にある指定期限が過ぎたら延滞金は増額になるので注意が必要。 |

●延滞金が生じるケース

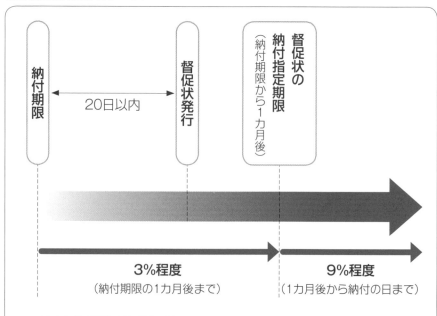

納付期限

20日以内

督促状発行

督促状の納付指定期限（納付期限から1カ月後）

3%程度
（納付期限の1カ月後まで）

9%程度
（1カ月後から納付の日まで）

※このほか督促手数料100円程度を徴収する市区町村が多いようです。

滞納を 続けると 保険給付に 制限が発生 する	・1年以上滞納が続くと原則1割で利用できる介護保険サービスの給付に制限が発生する。 ・1年以上未納の場合は、費用の全額をいったん支払い、のちに申請によって給付分を戻してもらう償還払いになる。 ・滞納が2年以上続くと、原則1割で利用できる介護保険サービスが所得に関係なく、3割負担となり、高額介護サービス（172ページ参照）の給付が受けられなくなる。 ・第2号被保険者（40〜64歳の人）の場合、医療保険と介護保険の保険料を滞納すると、保険給付のすべて、あるいは一部が差し止めになる場合がある。

●保険料滞納による保険給付の制限

納付期限　　1年　　1年6カ月　　2年

①1年以上未納
費用の全額をいったん事業者に支払い、市区町村に申請することにより保険給付分の払い戻しを受ける（償還払い）。

②1年6カ月以上未納
①のような償還払いを申請しても、滞納している保険料を納めてからでないと保険給付は受けられない。それでも納付のない場合は、保険給付分から滞納している介護保険料を差し引かれることがある。

③2年以上未納
通常1割（所得によって2・3割）の自己負担で利用できる介護サービスが、所得に関係なく3割の負担になる。さらに高額介護（予防）サービスなどの給付が受けられなくなる。

介護保険は何歳から
利用できるのか?

対象 | 65歳以上の人（40歳以上の特定疾病の人） | 制度 | 介護保険

65歳になり、介護・支援が必要と認定されたら利用できます。40〜64歳でも特定の病気が原因の場合は利用できます。

介護保険が利用できる人

・介護保険は、40歳以上の人が保険料を納め、介護が必要になったら介護保険サービスが利用できる制度。

・介護保険の加入者（被保険者）は、40〜64歳の「**第2号被保険者**」と65歳以上の「**第1号被保険者**」に分かれている。65歳以上で介護が必要と認められればサービスが利用できるが、40〜64歳の人でも、加齢にともなって生じる下記の「**16の特定疾病**」によって介護が必要と認められればサービスが利用できる。

●16の特定疾病

①がん末期　②関節リウマチ　③筋萎縮性側索硬化症　④後縦靱帯骨化症　⑤骨折を伴う骨粗鬆症　⑥初老期における認知症　⑦パーキンソン病関連疾患　⑧脊髄小脳変性症　⑨脊柱管狭窄症　⑩早老症　⑪多系統萎縮症　⑫糖尿病性神経障害・糖尿病性腎症及び糖尿病性網膜症　⑬脳血管疾患　⑭閉塞性動脈硬化症　⑮慢性閉塞性肺疾患　⑯両側の膝関節または股関節に著しい変形を伴う変形性関節症

要介護（要支援）認定の申請方法

・介護保険の「要介護・要支援認定」の申請は、「①本人が行う」「②同居家族が行う」「③同居していない家族や施設などの職員が行う」方法がある。

・いちばん早いのは、あらかじめ役所の窓口に連絡し、本人と家族で窓口に出向き「**要介護認定・要支援認定申請書**」の書き方を職員に聞いて記入する方法。

・「介護保険被保険者証」と、個人番号（マイナンバー）を確認できる書類があればその場で申請できる。

●要介護認定・要支援認定
　申請書サンプル

かかりつけ医が
いれば記入

●申請に必要な書類（例）

本人が申請の場合

①要介護認定・要支援認定申請書
②介護保険被保険者証
③健康保険被保険者証（65歳未満の被用者保険の加入者のみ）
④本人の個人番号が確認できるもの（マイナンバーカード、通知カード）
※コピー可かは役所にお尋ねください。

住民票が同じ世帯の家族が申請する場合

①〜④に加え
⑤申請者の本人確認できるもの（運転免許証、パスポート、身体障害者手帳など）

住民票が別世帯の人が申請する場合

①〜⑤に加え、⑥代理人と証明できるもの（本人からの委任状）
※市区町村によって必要な書類が違うのであらかじめ窓口に確認ください。

介護保険の申請から
利用までの手順は?

介護認定はコンピュータによる一次判定と主治医の意見書などを踏まえた二次判定をもとに、介護認定審査会が決定します。

申請後に行われる認定（訪問）調査	・介護の必要性を市区町村の窓口などに申請したら、要介護・要支援の認定を受ける。 ・認定には調査を受けなければならないが、市区町村の職員、あるいは委託された居宅介護支援事業者が訪問調査員として聞き取り調査を行う。 ・この聞き取り調査は、とくに難しい質問をするのではなく、普段どのような生活を送っているか、どのような身体的な不具合があるかなどの内容だが、調査員にはありのままを見聞きしてもらうことが大事。 ・とくに認知症の心配のある人は、家族が同席しふだんのようすをメモして伝えるとよい。 ・調査時間は30分から1時間程度。
主治医の意見書	・介護が必要になる主な原因とされるのは認知症、脳卒中、転倒・骨折、関節障害などで、対象者の多くは医療的なケアが必要な高齢者。医学的に見てどの程度介護が必要かは認定するうえで重要なポイントになるので、「主治医が書く意見書」によって、認定は大きく左右されることがある。 ・主治医がいれば、その医師に介護保険の申請についてあらかじめ相談しておくとよい。より適切な意見書がもらえる可能性が増えるので安心。

● 認定の手順

①要介護認定・要支援認定の申請

・介護が必要になったとき、本人または家族などが市区町村の窓口あるいは地域包括支援センターに申請する。
・このとき「介護保険被保険者証」などを提出する。

②認定調査

・市区町村の職員、または委託した居宅介護支援事業者（ケアマネジャー）などが自宅などを訪問し、心身の状況などについて、本人や家族から聞き取り調査を行う。

②主治医の意見書

・本人の主治医（かかりつけ医）に、心身の状況について市区町村より意見書の作成を依頼する。
・主治医がいない場合は、市区町村が指定した医師の診断を受ける。

③審査・判定

・コンピュータに認定調査の結果と主治医の意見書が入力され、一次判定がされる。
・一次判定の結果と認定調査における特記事項・主治医の意見書をもとに市区町村が任命した「介護認定審査会」で審査し、介護の必要性を総合的に判断され、要介護状態区分が判定される。

一次判定 + **特記事項・主治医の意見書** → （**介護認定審査会**）

④認定・通知

・介護認定審査会の判定に基づき、「要支援1・2」「要介護1〜5」の認定、または「非該当」の決定が行われる。
・その結果が記載された「認定結果通知書」と申請時に提出した「介護保険被保険者証」が送られてくる。
・原則として申請日から30日以内に送られるが、事情によって遅れることもある。

介護保険サービスは1～3割の自己負担で利用できる

| 対象 | 要支援・要介護認定を受けた人 | 制度 | 介護保険 |

介護保険では、要介護状態によって原則1割で利用できます。要介護状態が重いほど、多くのサービスが利用できるしくみです。

介護保険サービスが1～3割で利用できる	・要介護1～5、要支援1・2の認定を受けると、ケアプランに基づいて、原則1割（一定以上の所得者は2・3割）の自己負担で介護保険サービスが利用できる。 ・訪問介護や通所介護などさまざまな介護サービスを利用して総額30万円になったとしても、1割負担の人なら3万円で利用できるので、経済的な負担が軽くなる。 ・1～3割で利用できる金額には限度額があり、認定された要介護状態区分によって違う。
限度額を超えないように調整	・支給限度額は、要支援1で5万円、1ランク上がることに約5万円ずつ増えていき、要介護5では36万円と、1～2万円の差はあるが、1ランク5万円アップがおおよそのめやす。 ・支給限度額はケアマネジャーが把握しているので、それ以内でサービスを組むのが一般的。

●支給限度額基準の概要

支給限度額（要介護状態区分によって違う）

1割（原則）で利用できる範囲

超えた分

9割は介護保険より給付
（基本部分＋加算）

全額
自己負担

1割は自己負担

●要支援・要介護の支給限度額と自己負担額（1カ月あたり）

区分		状態のめやす	支給限度額基準額 （自己負担額＝1割の場合）
介護予防サービス	要支援1	食事や排せつなど身の回りのことはほとんどできる。立ち上がりに支えが必要な場合がある	5,032単位 （5,032円）
	要支援2	身の回りのことや日常生活に一部介助が必要なこともある。要介護状態と認められないが、社会的な支援を要する	10,531単位 （10,531円）
介護サービス	要介護1	日常生活や基本的な身の回りのことなどに一部介助が必要	16,765単位 （16,765円）
	要介護2	立ち上がりや歩行などに支えが必要。食事、衣類着脱、排せつや入浴などに一部介助が必要	19,705単位 （19,705円）
	要介護3	立ち上がりや歩行などが自力でできず介助が必要。排せつや入浴、衣服の着脱などに介助が必要	27,048単位 （27,048円）
	要介護4	入浴や排せつ、衣服の着脱などに全面的な介助、食事摂取に一部の介助が必要。立ち上がりはほとんどできない。認識力、理解力などに衰えがみられる	30,938単位 （30,938円）
	要介護5	日常生活全般にわたって全面的な介助が必要。意思の伝達が困難	36,217単位 （36,217円）

※2020年12月1日現在。
※（ ）の額は介護報酬の1単位を10円として計算。
※福祉用具の購入費と住宅改修費は、要介護度に関係なく限度額がある。
※居宅介護支援（ケアプラン作成など）は全額介護保険による給付。

高額所得者は 2～3割の 負担	・一般所得者は1割負担で介護サービスが利用できるが、高額所得者は2～3割の利用者負担がかかる。

●高額所得者の利用者負担割合

年金収入など340万円以上（単身）	3割
年金収入など280万円以上（単身）	2割
年金収入など280万円未満	1割

家族が仕事を続けたいので家に来てもらうサービスを利用

対象 （要支援）要介護認定を受けた人　制度 訪問介護（介護保険）

訪問介護はホームヘルパーなどに家に来てもらい、食事や入浴などの身体介護や掃除・洗濯などの生活援助をしてもらうサービスです。

訪問介護の内容	・介護者が仕事などで外出しているあいだ、食事や排せつなどの世話をしてもらうため、介護保険制度の「**訪問介護**」サービスを利用する方法がある。 ・訪問介護とは、訪問介護員（ホームヘルパー）や介護福祉士が自宅を訪問し、介護や生活支援などを行うサービスで、「①身体介護」「②生活援助」「③通院などに利用する介護タクシーへの乗降時とその前後の移動介助」が依頼できる。 ・身体介護に含まれるものは、食事や入浴、排泄といった利用者の身体に直接触れて行う介助やその準備・後片づけなど。 ・生活援助は調理や掃除・洗濯といった家事全般が含まれるが、利用できるのは、利用者本人が行うのが難しく、家族など身近な人も手助けすることができないものに限られる。援助を頼めるのは利用者本人のことで、家族の調理などは含まれない。 ・介護保険の「訪問介護」を利用できるのは要介護1以上の人で、要支援1・2の人は市区町村が行う「介護予防・生活支援サービス事業」のなかの「訪問サービス」を利用する。
おもな訪問型サービス	・訪問型サービスには、「訪問介護」のほかにも要介護者の状態や家族のニーズによって利用できるものがいろいろある。 **訪問入浴介護（要支援1以上）** 　利用者の自宅に浴槽を持ち込み、通常、看護職員と介

護職員が計3名で、入浴の介助を行う

訪問看護（要支援1以上）

　看護師などの資格をもったスタッフが、利用者の自宅を訪問し、医師の指示に従って、健康状態の確認や、介護に関するアドバイスなどを行う

訪問リハビリテーション（要支援1以上）

　理学療法士、作業療法士、言語聴覚士といった専門スタッフが、利用者の自宅を訪問し、医師の指示に従ってリハビリを指導する

居宅療養管理指導（要支援1以上）

　医師、歯科医師、薬剤師、管理栄養士などの専門スタッフが、利用者の自宅を訪問し、療養するうえで必要な指導や助言を行う

夜間対応型訪問介護（要介護1以上）

　深夜や早朝でも、ホームヘルパーが利用者の自宅を訪問し、介護を行う

定期巡回・随時対応型訪問介護看護（要介護1以上）

　要介護度が高い人などでも自宅で介護ができるよう、ホームヘルパーや看護師が、昼夜を問わず、必要に応じて利用者の自宅を訪問し、介護や看護を行う

（左欄）**おもな訪問型サービス**

●訪問介護サービスの費用のめやす（自己負担1割の場合の1回あたりの利用料）

サービスの内容	所要時間	利用料（円）
身体介護	20分未満	166円／回
	20分以上30分未満	249円／回
	30分以上60分未満	395円／回
	60分以上90分未満	577円／回
	以降30分ごとに追加	83円
生活援助	20分以上45分未満	182円／回
	45分以上	224円／回
通院等乗降介助	1回あたり	98円／回

※2020年12月現在。

生活のリズムをつくるために通って受けるサービスを利用

| 対象 | (要支援)要介護認定を受けた人 | 制度 | 通所介護（介護保険） |

要介護者が家にいたままだと社会的孤立感は進み、家族の負担も増大します。昼間、施設に通って過ごすサービスが有効です。

通所介護の内容	・介護を受けながら同世代の人たちとの交流を楽しむ「**デイサービス**」と呼ばれる通所介護は、施設に通ってレクリエーションを行ったり、日常生活の支援を受けたりするサービス。 ・サービスの内容は、事業者によってそれぞれの特徴があり、個別機能訓練を行ったり、レクリエーションゲーム、カラオケ、音楽鑑賞、健康体操、手作りなどメニューも多彩で、気分転換に役立つサービス。 ・家庭での入浴が困難な場合、費用は加算されるが入浴介助を受けることができる施設が多い。 ・送迎サービスを希望すれば、スタッフが玄関まで送迎をしてくれる。施設が送迎を行わない場合は、片道につき47単位減算になる。 ・介護保険の「通所介護」を利用できるのは要介護1以上の人で、要支援1・2の人は市区町村が行う「介護予防・生活支援サービス事業」のなかの「通所サービス」を利用する。
通所リハビリテーション	・「通所介護＝デイサービス」と同様に通って受けるサービスに「通所リハビリテーション＝デイケア」がある。こちらは、理学療法士や医師が配置された施設で運動器（身体運動に関わる骨・筋肉・関節・神経などの総称）の機能向上などのリハビリテーションを行っている。利用時間は、3〜9時間が基本だが、延長することも可能。

●デイサービスの1日の流れ（一例）

8：00	自宅にお迎え　自宅まで迎えに来る。足腰が不自由な場合、車いすで乗降できるリフト付きの車などで対応（送迎の自己負担はなし） 施設に到着
9：00	健康チェック　体温、血圧、脈拍の測定など
10：00	入浴サービス
12：00	昼食　食事介護　経管栄養など・服薬管理
13：00	休憩
13：30	レクリエーションなど。このほか機能訓練、施設独自のプログラム
15：00	おやつ
16：00	自宅に送る

●通所介護の基本サービス費のめやす

通常規模型の場合

※自己負担1割の場合の1回あたりの利用料
　利用定員19名以上、1月の延べ利用者数が301〜750人のサービス事業所の料金
※1単位の価格は、地域によって異なる（下記は1単位10円の場合）。2020年12月現在。

要介護度	所要時間					
	3時間以上 4時間未満	4時間以上 5時間未満	5時間以上 6時間未満	6時間以上 7時間未満	7時間以上 8時間未満	8時間以上 9時間未満
要介護1	364円	382円	561円	575円	648円	659円
要介護2	417円	438円	663円	679円	765円	779円
要介護3	472円	495円	765円	784円	887円	902円
要介護4	525円	551円	867円	888円	1,008円	1,026円
要介護5	579円	608円	969円	993円	1,130円	1,150円

※入浴介助や個別機能訓練などを行った場合、利用者が認知症の場合、9時間以上の延長を行った場合などは、上記に加算される。

介護を少し休みたいので
泊まりで受けるサービスを利用

対象 要支援・要介護認定を受けた人　**制度** 短期入所サービス（介護保険）

介護を少し休みたいときや遠方へ用事がある場合など、短期間、介護の必要な家族をあずかり世話をしてくれるサービスがあります。

短期入所 サービスの 内容	・「**ショートステイ**」とも呼ばれる短期入所サービスは、施設に短期間宿泊し、介護を受けながら機能訓練やレクリエーションなどを行うサービス。 ・短期入所サービスには、特別養護老人ホームなどで主に生活面の介助を受ける「**短期入所生活介護**」と、介護老人保健施設や医療機関で主に医療的なケアを受ける「**短期入所療養介護**」の2種類がある。 ・介護者が病気、冠婚葬祭、仕事などで一時的に在宅での介護が困難になったときなどに利用できるが、休息を得るのが目的の利用でも希望できる。 ・短期入所サービスは、連続して30日までの利用が可能。ただし、使いすぎると1～3割で利用できる限度額がいっぱいになってしまい、他のサービスが使えなくなるので注意を。本人と家族の状態に合わせて、通所や居宅サービスと組み合わせて利用するとよい。
サービスの 利用	・短期入所を利用する場合、1～2カ月前の予約が必要とされているが、市区町村によっては、緊急のショートステイに対応してくれる施設もある。この場合、利用料に加算されるか、もしくは介護保険の適用外となることもある。 ・入所の費用は、利用した日数分の居住費や、食費、施設が定める日常生活費が別途必要になる。ただし、おむつ代や介護用品、通信費、レクリエーション費などを施設介護サービス費に含む市区町村もある。

長期間利用する場合	・短期入所サービスの利用期間について、以下の2つの条件がある。 ①要介護認定の有効期間のおおむね半数を超えないこと。 ②連続して30日を超えて利用しないこと。 ・ただし、介護者が病気で倒れて長期療養が必要になったり、経済的な問題などで入居できる施設が探せなかったりするような場合は、届出をすれば30日を超える長期の利用と、有効期間の半分以上を、くり返すことも可能な市区町村もある。その際、連続利用する31日目は、利用料金が全額自己負担になる。

●短期入所生活介護・介護予防短期入所生活介護の基本サービス費のめやす
（自己負担1割の場合の1日あたりの利用料）

要介護度	単独型 従来型個室・ 多床室	併設型 従来型個室・ 多床室	単独型 ユニット型 ユニット型個室・ ユニット型個室的多床室	併設型 ユニット型 ユニット型個室・ ユニット型個室的多床室
要支援1	466円	438円	545円	514円
要支援2	579円	545円	662円	638円
要介護1	627円	586円	725円	684円
要介護2	695円	654円	792円	751円
要介護3	765円	724円	866円	824円
要介護4	833円	792円	933円	892円
要介護5	900円	859円	1,000円	959円

※1単位の価格は、地域によって異なる（上記は1単位10円の場合）。
※居住費、食費、施設が定める日常生活費などは、全額自己負担。
※2020年12月1日現在。

バリアフリー住宅への
リフォームの負担が軽減できる

対象 | 要支援・要介護認定を受けた人　制度 | 介護保険

介護保険で要支援・要介護認定を受ければ、手すりの設置や段差解消などの住宅改修が20万円まで1〜3割の自己負担でできます。

住宅改修の概要	・介護保険による住宅改修サービスは、利用者が自宅での生活をより安全で快適なものにできるよう、特定の改修工事を行った場合に、かかった費用の9割〜7割を保険でまかなえるサービス。 ・対象となる工事は、手すりの取付けや段差の解消、引き戸や洋式便器への取替え、滑り予防のための床面の変更などで、これに付帯して必要となる工事も適用となる。 ・それぞれに適用となる範囲が決められており、例えば、和式便器を洋式便器にする際に、暖房便座や洗浄機能がついた洋式便器への取替えは適用されるが、すでにある洋式便器に暖房機能など新たな機能を加える場合は適用されない。
1人につき20万円まで利用できる	・このサービスを利用できるのは要支援者と要介護者で、住居が持ち家でなくても、所有者の許可さえあれば適用になる。 ・住宅改修に対する支給限度額は、利用者1人につき20万円までで、要介護度によって異なる支給限度額とは別枠となっている。 ・一度に20万円かかる工事をする必要はなく、上限額までであれば、何度にも分けて行うことが可能。 ・引っ越しをした場合や、要介護度が3段階以上上がった場合は、あらためて20万円まで支給限度額が設けられる。

支給を 受けるには 申請が必要	・住宅改修の支給を受けるには、市区町村への申請が必要で、申請の際には、ケアマネジャーに「住宅改修が必要な理由書」を書いてもらう必要がある。 ・工事の必要を感じたら、まずは、ケアマネジャーにどのような工事を希望するかを相談し、施工業者を紹介してもらう。 ・施工業者が決まったら、見積もりを依頼する。 ・この見積りのほか、提出すべき書類を揃え、工事前に申請する。 ・市区町村からの結果を受けて、工事を開始するが、完成後に施工業者に支払う際は、利用者の全額自己負担となる。1割～3割の支給額が払い戻されるのは、工事が終わったことを示す書類を市区町村に提出したあと（償還払い）。 ・市区町村によっては、はじめから自己負担額のみの「受領委任払い」という方法も選択できる。

●住宅改修の依頼から支給までの流れ（償還払いのケース）

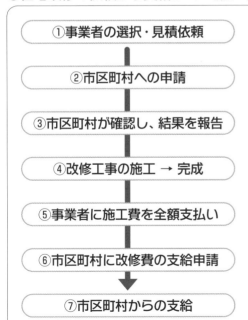

①事業者の選択・見積依頼

②市区町村への申請

③市区町村が確認し、結果を報告

④改修工事の施工 → 完成

⑤事業者に施工費を全額支払い

⑥市区町村に改修費の支給申請

⑦市区町村からの支給

事前申請に必要な書類
・支給申請書
・工事費見積書
・住宅改修が必要な理由書（ケアマネジャーなどに作成してもらう）
・住宅改修後の完成予定の状態がわかる日付入り写真や間取り図など

事後申請に必要な書類
・住宅改修にかかった領収書
・工事費内訳書
・住宅改修の完成後の状態を確認できる書類（日付入りの完成前後の写真）
・住宅の所有者の承諾書（利用者が所有する住宅でない場合）

福祉用具のレンタルや
購入が少ない負担でできる

| 対象 | 要支援・要介護認定を受けた人 | 制度 | 介護保険 |

介護保険を利用すれば、介護用ベッドや車いすなどがレンタルでき、レンタルに向かない福祉用具は1～3割の費用で購入できます。

| 福祉用具貸与サービス | ・福祉用具貸与は、利用者の利便性を図り、介護者の負担を軽減するために、介護に必要な用具をレンタルするサービス。
・貸与の対象となる用具は居宅介護に必要な13品目で、各都道府県もしくは政令指定都市から指定を受けた事業者のものに限られる。
・実際に利用を開始して、もし利用者の状態に合わない場合は、途中で別の商品に替えることもできる。
・介護保険が利用できる品目が要介護度によって異なるが、軽度の人で用具が必要な場合は、状況によっては保険が適用されるケースもあるので、ケアマネジャーに相談してみる。 |

●福祉用具貸与の対象用具の自己負担額のめやす
（自己負担1割の場合の1カ月あたりの利用料）

要支援1・2、要介護1～5の人が利用できるもの

手すり	200～500円
スロープ	300～700円
歩行器	200～400円
歩行補助つえ	100円程度

要介護2～5の人が利用できるもの

車いす	300～600円
車いす付属品	50～300円

介護用ベッド	700〜1,400円
介護用ベッドの付属品	50〜400円
床ずれ防止用具	400〜1,200円
体位変換器	100円程度
認知症老人徘徊感知器	800円程度
移動用リフト	1,000〜2,700円

要介護4・5の人が利用できるもの

自動排泄処理装置	800〜1500円

特定福祉用具購入	・人の肌に直接触れたりしてレンタルに向かない福祉用具は、特定福祉用具購入サービスの対象となる。 ・介護保険の支給限度額とは別に1年間10万円まで利用できる。

●特定福祉用具購入の対象用具

腰掛便座	和式便器の上に置いて腰掛式に変換するもの、洋式便器の上に置いて座面を高くするもの、居室で利用できる移動式便器など
自動排泄処理装置の交換可能部品	尿や便が自動的に吸引できるもの
入浴補助用具	入浴用椅子、浴槽用手すり、浴槽内椅子、浴槽のふちに掛けて利用する入浴台、浴室内すのこ、浴槽内すのこ、入浴用介助ベルト
簡易浴槽	容易に移動できるもので、取水や排水のための工事が必要ないもの
移動用リフトのつり具の部分	体に合ったもので、連続的に利用できるもの

在宅介護が限界なら、施設への転居も考える

| 対象 | 要支援・要介護認定を受けた人 | 制度 | 施設サービス・特定施設入居者生活介護 |

在宅介護が限界にきたら、施設への転居も考えましょう。介護保険を利用できる施設には「介護保険施設」や「特定施設」などがあります。

介護保険施設	・介護保険制度にある「**施設サービス**」が受けられる介護保険施設は、地方公共団体や社会福祉法人が運営する施設で、一定の基準を満たした設備やサービスが利用しやすい料金で提供される。 ・特別養護老人ホーム（以下「特養」）や介護老人保健施設（以下「老健」）など4種類の施設がこれにあたり、特養は原則、要介護3以上、老健などほかの施設は要介護1以上でないと入所できない。 ・特養は人気が高く順番待ちの施設が多くなかなか入所できない、老健は一定期間しか入所できないなどの制約があるので、選択のしかたは担当のケアマネジャーに相談するとよい。
特定施設	・特定施設は、都道府県から指定をうけた事業者が運営する民間施設で、介護保険が適用される「**特定施設入居者生活介護**」というサービスを提供できる。このサービスは要支援1以上の人が利用できる。 ・介護付き有料老人ホーム、サービス付き高齢者向け住宅、ケアハウスなどがある。 ・「介護付き」と示された有料老人ホームは原則、特定施設入居者生活介護のサービスが受けられるホーム。 ・サービス付き高齢者向け住宅（サ高住）やケアハウスは一般型と特定施設型の施設がある。

認知症高齢者グループホーム	・認知症の人が住み慣れた地域で、自分たちで家事などを行い共同で生活する施設で、要支援2以上の認知症の人が利用できる。

●介護が必要な高齢者の住み替え先

介護保険施設 介護保険の「施設サービス」にあたる

介護老人福祉施設（特養）	介護を受けながら終生暮らすことが可能な施設（原則、要介護3以上）
介護老人保健施設（老健）	自宅復帰をめざす施設、入所期間は原則3〜6カ月（要介護1以上）
介護療養型医療施設	新設はなく2024年に廃止される予定（要介護1以上）
介護医療院	医療ケアを受けながら療養できる施設（要介護1以上）

認知症高齢者グループホーム（認知症対応型共同生活介護）

認知症の人が住み慣れた地域で共同生活を行う（要支援2以上）

特定施設 都道府県から、介護サービスを提供する許可を得ている

介護付き有料老人ホーム	施設のサポートを受けて介護サービスを利用しながら暮らせる施設（要介護1以上）	
サービス付き高齢者向け住宅（サ高住）	安否確認などのサービスを提供する高齢者向け住宅（特定施設の場合は要支援1以上）	施設によって、一般型と特定施設型がある
ケアハウス	施設のサポートを受けて介護サービスを利用しながら暮らせる施設（特定施設の場合は要支援1以上）	

※特定施設以外でも、介護サービスを利用しながら生活できるところもある。

171

介護費用が一定額を超えると戻ってくるしくみがある

| 対象 | 要支援・要介護認定を受けた人 | 制度 | 高額介護サービス費 |

介護保険には、自己負担額が一定額を超えると超過分が高額介護サービス費として払い戻されるしくみがあります。

高額介護 サービス費の 概要	・1カ月間に利用した介護保険サービス費の（世帯の）利用者負担の合計が高額になったとき、上限額を超えた分は「**高額介護（予防）サービス費**」として支給されるしくみがある。 ・高額介護サービス費は居宅サービスだけでなく、特別養護老人ホームなどの施設サービスの利用料なども対象となっている。 ・ただし、「福祉用具購入費」「住宅改修費」は対象外で、要介護度によって設定された支給限度額を超えた額も対象外。 ・高額介護サービス費の限度額は、利用者の世帯や個人の所得によって違う。
手続きの しかた	①介護サービスを利用してから約3カ月後、高額介護サービス費の対象となる場合には、市区町村から通知と申請書が送られてくる。 ②申請書に必要事項を記入・捺印し、市区町村へ郵送するか持参する。 ③後日、申請時に指定した口座へ振り込まれる。 ④申請は1度きりでよく、2回目以降は指定した口座に自動的に振り込まれる。ただし、初回の申請に関しては、サービス利用月から2年以内となっているため、市区町村から申請書が送られてきたら、期限切れにならないよう申し込むこと。

●高額介護サービス費の対象と限度額

対象者	負担の上限（月額）
現役並み所得者に相当する人がいる世帯の人	44,400円（世帯）（※）
世帯のだれか住民税を課税されている人	44,400円（世帯）
世帯の全員が住民税を課税されていない人	24,600円（世帯）
前年の合計所得金額と公的年金 収入額の合計が年間80万円以下の人など	24,600円（世帯） 15,000円（個人）※
生活保護を受給している人など	15,000円（個人）

※「世帯」とは、住民基本台帳上の世帯員で、介護サービスを利用した人全員の負担の合計の上限額を指し、「個人」とは、介護サービスを利用した本人の負担の上限額を指す。
※2020年12月現在（2021年度の介護保険制度改正で、「高額療養費」（71ページ参照）と同様の所得区分になる予定）

●高額介護一ビス費の例　※要介護状態区分の支給限度額までサービスを利用した場合

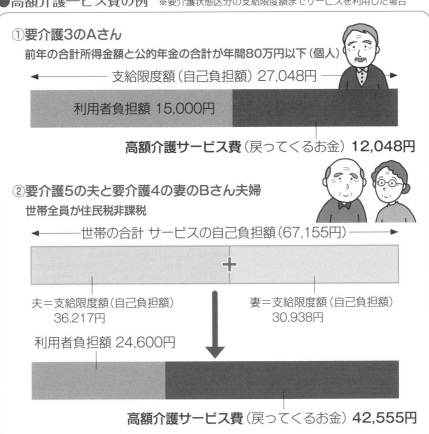

①要介護3のAさん

前年の合計所得金額と公的年金の合計が年間80万円以下（個人）

◄── 支給限度額（自己負担額）27,048円 ──►

利用者負担額 15,000円

高額介護サービス費（戻ってくるお金）12,048円

②要介護5の夫と要介護4の妻のBさん夫婦

世帯全員が住民税非課税

◄── 世帯の合計 サービスの自己負担額（67,155円）──►

夫＝支給限度額（自己負担額）
36,217円

妻＝支給限度額（自己負担額）
30,938円

利用者負担額 24,600円

高額介護サービス費（戻ってくるお金）42,555円

医療費と介護費が
かさんで生活が苦しい

対象 要支援・要介護認定を受けた人　制度 高額介護合算療養費

同じ医療保険の世帯であれば、1年間に使った医療保険と介護保険の自己負担分を合算し、上限を超えた分は戻ってくる制度です。

医療費と介護費の負担額が軽減される制度	・医療保険の「高額療養費制度（70ページ参照）」や介護保険の「高額介護サービス費制度（172ページ参照）」を利用しても、医療費と介護費用を合算すると高額になってしまう世帯も多い。 ・同じ医療保険に加入している同一世帯であれば、医療費と介護費の1年間の合算額が決められた額を超えたとき、超えた部分が払い戻される「**高額介護合算療養費制度**」という制度がある。 ・対象者となるには「医療保険と介護保険の両方を利用していること（いくら高額になっても片方の利用だけでは適用されない）」「同一の医療保険制度に加入していること（夫が後期高齢者医療制度で、妻が国民健康保険といった世帯は適用されない）」といった条件がある。
算定期間は毎年8月から翌年7月の1年間	・申請は市区町村の介護保険担当窓口に「高額介護合算療養費等支給申請書」を申請し「介護保険自己負担額証明書」を交付してもらう。 ・それを添付して加入する医療保険の窓口に申請する。市区町村によっては、診療を受けた最終月（7月）の翌年の2〜3月に該当する世帯宛てに「申請書」が届く。

●制度のイメージ

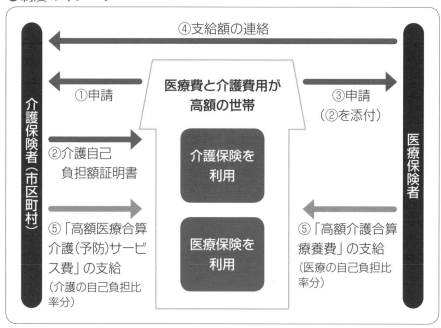

●高額介護合算療養費制度の自己負担上限額

所得区分	加入している保険	75歳以上の人の世帯 後期高齢者医療制度＋介護保険	70歳〜74歳の人の世帯 健康保険または国民健康保険など＋介護保険	70歳未満の人の世帯 健康保険または国民健康保険など＋介護保険
現役並み所得者	年収約1,160万円〜	212万円	212万円	212万円
	年収約770〜約1,160万円	141万円	141万円	141万円
	年収約370〜約770万円	67万円	67万円	67万円
一般所得者	〜年収約370万円 （課税所得145万円未満）	56万円	56万円	60万円
住民税世帯非課税		31万円	31万円	34万円
住民税世帯非課税 （年金収入80万円以下など）		19万円	19万円	34万円

※2020年現在。

所得によって介護施設の居住費や食費代が安くなる制度がある

| 対象 | 主に要介護認定を受けた人 | 制度 | 補足給付 |

介護保険施設などでかかる居住費や食費は、利用者の所得によって4つの段階に区分され、低所得者ほど負担額が少なくなります。

補足給付の概要	・特別養護老人ホームなどの介護保険施設やショートステイを利用する場合は、介護保険サービス費以外にも、部屋代や食費代がかかるが、介護保険制度には、低所得者の場合は負担額が軽減される「**補足給付**」というしくみがある。
補足給付が受けられる条件	・対象となるのは世帯全員の所得になるので、子どもなどと同じ世帯の場合は、利用者本人の所得は低くても負担軽減の対象にならないこともある。 ・ひとり暮らしや夫婦のみ世帯で低所得でも、一定額の貯金等（単身は1,000万円超、夫婦は2,000万円超）を所有する場合や、同一世帯でなくても配偶者が住民税課税者である場合は支給対象外となる（2021年度介護保険制度の改正で預貯金基準は下がる見通し）。 ・遺族年金や障害年金などの非課税年金も年金収入に含まれる。

●利用者負担段階

利用者負担区分	所得区分
第1段階	生活保護受給者または、世帯全員が住民税非課税で本人が老齢福祉年金受給者
第2段階	世帯全員が住民税非課税で、本人の課税年金収入と非課税年金収入額（遺族年金など）と合計所得金額の合計が80万円以下
第3段階	世帯全員が住民税非課税で第2段階以外の人
第4段階	住民税世帯課税者

●介護保険施設の居住費と食費の負担限度額（30日で計算）

対象者 区分	負担限度額				
	居住費				食費
	ユニット型個室	ユニット型準個室	従来型個室	多床室	
第1段階	24,600円	14,700円	9,600円 （14,700円）	0円	9,000円
第2段階	24,600円	14,700円	12,600円 （14,700円）	11,100円	11,700円
第3段階	39,300円	39,300円	24,600円 （39,300円）	11,100円	19,500円
第4段階	60,180円	50,040円	35,130円 （50,040円）	25,650円 （11,310円）	41,760円

※（　）内は特別養護老人ホーム以外の介護保険施設の場合　　　　　　　　　　　　　※2020年12月現在。

●所得による特別養護老人ホームへの支払いの違い（月額）

要介護4　ユニット型準個室的多床室

一般の利用者

施設サービス費
（自己負担分）　25,380円

居住費　50,040円

食費　41,760円

合計　117,180円

15,000円
（高額介護サービス費
により減額）

第2段階の利用者

14,700円

11,700円

41,400円

※居住費・食費は30日で計算

177

同居する要介護者と世帯分離すると介護費用が安くなる

| 対象 | 要支援・要介護認定を受けた人 | 制度 | 世帯分離 |

介護する人とされる人の世帯を分離すれば、世帯単位で受けられる負担軽減などの対象になりやすくなります。

世帯分離とは?	・世帯とは、住民基本台帳に関わる法律のうえで「居住と生計をともにする社会生活上の単位」とされているので、同一家屋に住んでいても、生計を別にしていれば別世帯と考えられる。 ・世帯分離とは、住所の変更をせずに、いまの世帯を分離して複数の世帯にすること。介護保険制度では世帯単位の所得で費用が決まるサービスも多いので、要介護者の所得が少なく、介護者の所得が多い場合は「世帯分離」をしたほうが、有利になることが多い。 ・ただし、住民票の記録は「住民の実態と合致している」ことが運用の基本方針なので、実態と合致しない場合は、受理してくれるかどうか市区町村によって判断が違う可能性がある。
要介護者の所得が多い場合は有利にならない	・要介護者（たとえば親）の所得が多い場合は、有利になることはない。年金以外の収入も多く、住民税課税対象者であったら「一般」と見なされるので、世帯分離しても、介護保険料の軽減もなく、高額介護サービス費や介護保険施設の居住費・食費軽減の対象者にもならない。むしろ世帯分離したことで、国民健康保険料や医療費などの負担が増える可能性（減る可能性もある）もある。 ・親の介護費用がかさみ家族全体の生活が苦しくなるようなら、世帯分離について、ケアマネジャーや地域包括支援センターなどに相談してみる方法がある。

●同居による世帯と世帯分離

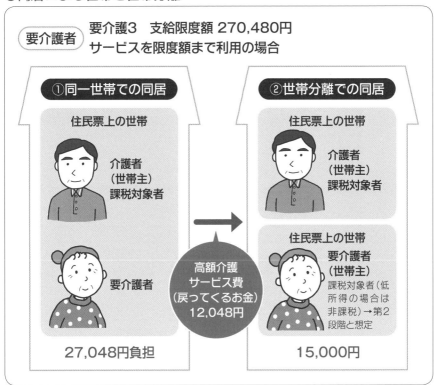

●世帯分離で考えられる負担の増減

介護保険関係	①介護サービス利用料	○	世帯の所得が減るので、利用者の負担が軽くなる可能性がある
	②介護保険施設などの居住費・食費	○	世帯の所得が減るので、利用者の負担が軽くなる可能性がある
	③介護保険料	○	世帯の所得が減るので、利用者の負担が軽くなる可能性がある
その他	④介護者の勤務先からの扶養手当	▲	別世帯でも認めるかは介護者の勤務先の規定による
	⑤介護者の健康保険料	▲	別世帯でも扶養者と認めるかは介護者の勤務先の規定による
	⑥国民健康保険料	○×	親の所得によって負担の増減の可能性がある
	⑦医療費	○×	所得によって負担減もあるが、高額療養費制度の世帯合算などが適用されずに負担増になることもある

○…負担減が期待できる　▲…介護者の勤務先の規定による　○×…負担減もあるが増の可能性もある

179

介護保険だけでなく高齢者向けサービスはこんなにある

対象	高齢者	制度	高齢者福祉サービス

介護保険で認定されなくても市区町村で実施している高齢者向けサービスはいろいろあります。困ったら窓口に相談に行きましょう。

「非該当」の場合	・介護保険を申請し「非該当」という通知が届いても、「基本チェックリスト」の判定基準に該当すると「介護予防・生活支援サービス事業」の対象者になり、要支援認定者と同様に「訪問サービス」「通所サービス」などが利用できる。 ・「基本チェックリスト」とは65歳以上の高齢者の健康状態を把握するため、厚生労働省が作成した25項目からなる質問票。 ・基本チェックリストで該当しない場合でも、体操教室や認知症予防教室など、一般介護予防事業が利用できる。 ・介護予防・生活支援サービス事業、一般介護予防事業を利用するには、役所の窓口や地域包括支援センターに相談に行くこと。

●介護予防・生活支援サービス事業 (例)

対象者	事業の主な内容
①要支援認定を受けた人 ②基本チェックリストにより介護予防・生活支援サービス事業対象者となった人	・介護予防を目的にしたケアプランの作成 ・訪問介護 ・訪問型介護予防事業(栄養改善) ・通所介護 ・通所型介護予防事業(運動教室)

●一般介護予防事業（例）

対象者	事業の主な内容
①65歳以上の高齢者 ②支援を受けるために活動できる人	・体操教室 ・認知症予防教室 ・介護予防普及啓発事業 ・体力測定会 ※市区町村によって事業の内容は違う。

高齢者 福祉サービス	・介護保険以外でも、各市区町村で実施している高齢者向け福祉サービスがある。 ・「生きがい支援サービス」「自立支援サービス」「ひとり暮らし・高齢者家族の支援」など呼び方はさまざまだが、無料あるいは低料金で利用できる。 ・高齢者福祉サービスの内容は市区町村が発行する「広報」をチェックするとよい。

●代表的な高齢者福祉サービス

日常生活用具の給付	自動消火装置、電磁調理器、シルバーカーを給付
訪問理美容サービス	理容院・美容院に出向くことが困難な場合に理容師・美容師が訪問
介護用品 （紙おむつ等）の支給	紙おむつ・尿取りパッド等を宅配
配食サービス	食事づくりが困難な人に食事を届けるとともに栄養指導を行う
緊急一時支援事業	普段元気な高齢者が、病気やけが等で急に体調が悪くなったときに、緊急一時支援員を派遣
高齢者住宅整備 資金の貸付・助成	介護が必要な高齢者のための住宅の改造資金を貸付・助成する
外出支援事業	医療機関への送迎や福祉タクシーの乗車券の交付

※市区町村によって、あるいは要介護度、家族の同居の有無などによってサービスの内容は違います。

在宅介護のパートナーとなる「ケアマネジャー」とは?

●居宅介護支援サービスを担うケアマネジャー

　介護・介護予防サービスを利用する場合、介護・介護予防サービス計画書(ケアプラン)を作成し、それに基づいてサービスが行われます。このケアプランは、介護予防(要支援1・2)サービスの場合は地域包括支援センター、介護(要介護1〜5)サービスの場合は居宅介護支援事業者のケアマネジャーが作成します。自分でケアプランを作成することもできますが、一般的にはケアマネジャーに依頼します。

●ケアマネジャーによって介護の質が違ってくる

　ケアマネジャーは在宅の利用者や家族の状況を把握するために、月に1回以上、担当の利用者を訪れる決まりになっています。

　そうすることで、ケアマネジャーは利用者や家族が適切なサービスが受けられるようにコーディネイトする、司令塔のような役割を果たしています。このように大事な役割を担っているので、ケアマネジャー選びは慎重に行いたいものです。

●よいケアマネジャーを選ぶポイント

　ケアマネジャー選びは、居宅介護支援事業者を選ぶことからはじまります。比較的規模の大きな事業者なら、複数の中から利用者との相性のよさそうな人を選ぶことも可能でしょう。逆に、少人数の事業者なら小回りの利くサービスを受けられることもあります。

　実際にはサービスがはじまったとき、以下のようなケアマネジャーなら安心ですが、そうでない場合は担当を替えてもらったり、事業所を替える方法もあります。

・介護についての情報量が豊富で、ネットワークもある
・依頼したことをよく覚えてくれ、約束を守る
・話しやすく、面倒がらずに相談に乗ってくれる
・フットワークが軽く、対応が早い

第8章

生活を支援する年金制度

年金保険

年金の基本を知っておくと将来役に立つ

| 対象 | 20歳以上の人 | 制度 | 国民年金・厚生年金 |

日本に住む20歳以上の人は全員、公的年金制度に加入します。要件を満たせば老齢年金、障害年金、遺族年金を受け取ることができます。

年金の被保険者は3種類	・日本に住む20歳以上60歳未満のすべての人は公的年金に加入する。 ・日本の公的年金制度は2階建ての構造となっており、土台の1階部分にはすべての人が加入する国民年金（基礎年金ともいう）、その上乗せの2階部分に会社員や公務員が加入する厚生年金がある。 ・国民年金の被保険者は職業などにより3種類に分けられ、自営業、学生、無職の人は「**第1号被保険者**」、会社員、公務員は「**第2号被保険者**」、第2号被保険者に扶養される配偶者（会社員の妻等）は「**第3号被保険者**」となる。会社員や公務員は1階部分の国民年金と2階部分の厚生年金に加入していることになる。
保険料の納付は	・被保険者の種類ごとに納める保険料が異なる。 ・自営業などの「第1号被保険者」は毎月定額の国民年金保険料を納付する。会社員・公務員の「第2号被保険者」は給料や賞与の額に応じた保険料が給与から天引きされる。保険料は勤め先と本人が折半で支払っている。会社員の妻などの「第3号被保険者」は保険料を納める必要はないが、保険料を納めた期間として扱われる。
受け取れる年金は	・受給できる公的年金には3種類あり、老後の生活を支える年金である「**老齢年金**」、障害を負った場合に受け取れる「**障害年金（140～145ページ参照）**」、死亡した家族の生活を支える「**遺族年金**」がある。

| 受け取れる
年金は | ・国民年金に加入している人は1階部分の基礎年金が受け取れる。会社員や公務員の第2号被保険者は国民年金と同時に厚生年金に加入しているので、2階部分の厚生年金もあわせて受け取れる。 |

●日本の年金制度は2階建て

2階	厚生年金		
1階	国民年金（基礎年金）		
	第1号被保険者	第2号被保険者	第3号被保険者
	自営業、学生、無職の人等	会社員・公務員	第2号被保険者に扶養される配偶者（年収130万円未満）
	毎月定額の国民年金保険料を支払う	給与・賞与の額に応じた厚生年金保険料を勤め先と折半で支払う（給与天引き）	保険料を納める必要はない

●受け取れる年金の種類

	老齢年金	障害年金	遺族年金
国民年金からの給付	老齢基礎年金	障害基礎年金	遺族基礎年金 寡婦年金 死亡一時金
厚生年金からの給付	老齢厚生年金	障害厚生年金	遺族厚生年金

国民年金だけで
老後を暮らすのは難しい

国民年金から支給される老齢基礎年金の額だけで老後を暮らすのは難しいため、年金額を増やすためのいくつかの方法があります。

老齢基礎年金は65歳から受け取れる	・国民年金や厚生年金に10年以上保険料を納付すると、65歳から「**老齢基礎年金**」が受け取れる。 ・年金額は保険料を納付した月数によって決まり、20歳から60歳までの40年間（480月）保険料を全期間納めた人は満額で781,700円（2020年度額）の老齢基礎年金が受け取れる（月額65,141円）。納付期間が短ければそれよりも低額となる。

●老齢基礎年金の額

20歳から60歳になるまでの40年間（480月）の保険料をすべて納めた場合

年金額 ＝ 年額781,700円（月額65,141円）　満額

20年間保険料を納めた場合

$$\text{年金額} = \text{年額781,700円} \times \frac{20年（240月）}{40年（480月）} = 390,850円（月額32,570円）$$

年金額を増やすには	・自営業者など第1号被保険者の期間のみだった人は受け取れるのは老齢基礎年金だけになるため、年金だけでは老後の生活は厳しくなると予想される。年金額を増やすためには、いくつかの方法がある。 ①付加年金の制度を利用する

年金額を増やすには	②国民年金基金に加入する ③ iDeCo（イデコ・個人型確定拠出年金）を利用する ④ 任意加入制度を利用する
付加年金の制度を利用する	・付加年金を利用できるのは、自営業者などの国民年金の第1号被保険者で、国民年金保険料（月額16,540円＝2020年度額）に毎月400円の付加保険料をプラスして支払うと1カ月につき200円の付加年金を受け取れる。2年以上受給すると保険料の元が取れる得な制度。 ・申請先は住所地の市区町村役場 ・国民年金基金と併用できない。
国民年金基金に加入する	・国民年金基金は、自営業者など国民年金の第1号被保険者を対象とし、老齢基礎年金に上乗せした年金を受け取るための公的な年金制度。 ・掛金の額は、選択した給付の型、加入口数、加入時の年齢、性別によって決まる。 ・掛金は全額社会保険料控除の対象、受け取る年金額は公的年金等控除の対象となり税制面での優遇がある。 ・申請先は国民年金基金都道府県支部または職能型支部。
iDeCo（イデコ・個人型確定拠出年金）	・iDeCo（イデコ・個人型確定拠出年金）は、運用結果によって将来の受給額が変わる私的年金。20歳以上60歳未満の全ての人が加入できる。 ・掛金が所得控除、運用益は非課税、受け取る年金は公的年金等控除の対象となり税制面での優遇がある。 ・申請先はiDeCoを取り扱っている金融機関
国民年金の任意加入制度を利用する	・国民年金保険料の納付は原則60歳までだが、40年の納付期間がなく年金額の増額を希望する人や、老齢基礎年金の受給資格を満たしていない人は、60歳以降でも国民年金に任意加入をすることができる。 ・申請先は住所地の市区町村役場または年金事務所

困っている!! 国民年金の保険料が払えないなら免除してもらえる

| 対象 | 国民年金の加入者 | | 制度 | 国民年金免除・納付猶予制度 |

国民年金保険料を滞納すると、年金が受け取れなくなるなどのリスクがあります。保険料の納付が困難な場合は、免除制度を活用しましょう。

国民年金保険料の未納はリスクが大きい	・自営業などの人は国民年金保険料を支払う必要があるが、保険料に未納があると、老齢基礎年金の金額が低額になるばかりでなく、「障害年金」や、「遺族年金」が受け取れないなど、いつ起こるかわからない不意の事故に際しての大きなリスクになる。 ・そのため、第1号被保険者で収入の減少などの経済的な理由により国民年金保険料の納付が困難な人は、免除制度や納付猶予制度を利用できる。
免除は所得に応じて4段階	・保険料の「**免除**」は本人、配偶者、世帯主の前年所得が一定額以下の場合に、所得に応じて「**全額免除**」、「**4分の1免除**」、「**半額免除**」、「**4分の3免除**」の4段階に分かれる。 ・免除された期間は免除された割合に応じて将来受け取れる老齢基礎年金の金額に反映される。 ・災害や失業等によって急激に収入が減額した場合は前年の所得に関係なく免除が受けられる。
保険料納付猶予・学生納付特例	・50歳未満の人を対象とした「**保険料納付猶予**」は本人及び配偶者の前年所得が一定額以下であれば、保険料の納付が猶予される。 ・学生を対象とした「**学生納付特例**」は学生本人の所得が一定額以下であれば保険料の納付が猶予される。 ・免除と異なり年金の加入期間には算入されるが、あとから保険料を納めないと年金額には反映されない。

10年以内に追納する	・免除期間や保険料納付猶予・学生納付特例の期間は10年以内に保険料を追納することができ、年金額を満額に近づけることができる。
産前産後期間の保険料免除制度	・2019年2月から第1号被保険者を対象として、出産予定日または出産日の前月から4カ月間（「産前産後期間」）国民年金保険料が免除されるようになった。 ・産前産後期間の免除は一般の免除と異なり、保険料を納付した期間として老齢基礎年金に反映され、年金額が減額されない。
申請先	・住所地の市区町村役場の国民年金担当窓口または住所地の年金事務所

●免除を受けるための「所得」のめやす

単位：万円 （ ）内は収入額

世帯構成	全額免除 納付猶予	一部免除		
		3/4免除	半額免除	1/4免除
4人世帯 （夫婦、子ども2人の場合）	162 (257)	230 (354)	282 (420)	335 (486)
2人世帯 （夫婦のみの場合）	92 (157)	142 (229)	195 (304)	247 (376)
単身世帯	57 (122)	93 (158)	141 (227)	189 (296)

※表は標準的なモデルを元に計算。出典：日本年金機構ホームページ

●年金額に反映される割合

	全額免除	3/4免除	半額免除	1/4免除
免除額	16,540円	12,400円	8,270円	4,130円
支払う保険料	0円	4,140円	8,270円	12,410円
支給される 年金額の割合	2分の1 （3分の1）	8分の5 （2分の1）	4分の3 （3分の2）	8分の7 （6分の5）

※月額保険料は2020年度額。
※（ ）内は2009年3月分までの免除期間

会社員・公務員なら将来
老齢厚生年金がもらえる

| 対象 | 会社員、公務員 | 制度 | 老齢厚生年金 |

会社員や公務員は老齢基礎年金に加えて老齢厚生年金を受けることができ、さらに要件を満たせば家族手当の加算もある。

老齢厚生年金を受けるには	・会社員や公務員で厚生年金に加入した期間は国民年金にも加入した期間であるため、老齢基礎年金と老齢厚生年金をあわせて受けられる。
老齢厚生年金は原則65歳から受給	・10年以上年金制度に加入し老齢基礎年金を受ける資格がある人が厚生年金に1カ月でも加入していれば、65歳から老齢基礎年金に上乗せして老齢厚生年金が受けられる。
65歳前から老齢厚生年金を受けられる人	・ただし、昭和36年4月1日生まれまでの男性（女性は昭和41年4月1日生まれまで）で、老齢基礎年金を受ける資格があり、厚生年金の被保険者期間が1年以上あれば、65歳前から特別支給の老齢厚生年金を受給できる。年金を受ける開始年齢は生年月日により異なる。
老齢厚生年金の金額	・老齢厚生年金の額は加入期間の給与や賞与の額と加入した月数によって決まる。 ・年金の見込額は、日本年金機構から送付される「**ねんきん定期便**」や、日本年金機構の「**ねんきんネット**」で確認することができる。
厚生年金の家族手当「加給年金」	・厚生年金に加入した期間が20年以上ある人が65歳になったとき、65歳未満で年収850万円未満の配偶者または18歳未満の子どもがいれば、「**加給年金**」という家族手当の加算がある。

厚生年金の家族手当「加給年金」	・加算されるのは配偶者が65歳になるまで、子どもが18歳になって最初の3月31日まで（障害のある子は20歳まで）。ただし、夫婦共に厚生年金の加入期間が20年以上ある場合は、加給年金は支給停止される。
配偶者が65歳になったら	・配偶者が65歳になり自分の老齢基礎年金を受給できるようになると加給年金は打ち切られる。代わりに配偶者の年金に「振替加算」が上乗せされる。ただし昭和41年4月2日以降の配偶者には加算されない。

●65歳前から特別支給の老齢厚生年金（報酬比例部分）を受給できる人

男性	女性	受給開始年齢
昭和28年4月1日までに生まれた人	昭和33年4月1日までに生まれた人	60歳から
昭和28年4月2日～昭和30年4月1日生まれ	昭和33年4月2日～昭和35年4月1日生まれ	61歳から
昭和30年4月2日～昭和32年4月1日生まれ	昭和35年4月2日～昭和37年4月1日生まれ	62歳から
昭和32年4月2日～昭和34年4月1日生まれ	昭和37年4月2日～昭和39年4月1日生まれ	63歳から
昭和34年4月2日～昭和36年4月1日生まれ	昭和39年4月2日～昭和41年4月1日生まれ	64歳から

●加給年金の金額（2020年度額）

配偶者の加給年金額	子の加給年金額
390,900円（受け取る人が昭和18年4月2日以降生まれの場合）	1人目、2人目　224,900円 3人目以降は1人増えるごとに75,000円

●振替加算の金額

配偶者の生年月日によって224,900円～15,068円
（昭和41年4月2日以降の配偶者には加算されない）

老齢年金の繰上げ繰下げは
よく考えて決める

| 対象 | 年金を受給できる人 | 制度 | 繰上げ、繰下げ制度 |

老齢年金は最大5年繰上げて前倒ししてもらうことや、5年繰下げて遅くもらうことができますが、いずれも一定率で年金額が増減します。

年金の「繰上げ」とは	・年金を本来受給できる年齢から前倒しでもらうことを繰上げという。60歳以上であれば繰上げて受給することができる。 ・ただし、繰上げた場合は、年金が一定率減額される。減額率は1カ月あたり0.5%。例えば本来65歳から受け取れる年金を60歳から繰上げて受給すると、**30%（0.5%×60月）減額**された年金を受け取ることになる。 （法改正により2022年4月以降は1カ月あたり減額率0.4%に変更予定）
繰上げの注意点	・繰上げにはいくつかの注意点があり、繰上げを請求したら取消しができず、生涯減額された年金を受けとることになることや、寡婦年金（197ページ参照）を受け取れない、障害が重くなった場合に障害基礎年金（140ページ参照）を受け取れない、国民年金に任意加入（187ページ参照）することや保険料の追納（189ページ参照）ができない、などがあげられる。そのため、繰上げをする際は慎重な判断が必要となる。
年金の「繰下げ」とは	・繰上げとは逆に、本来65歳から受け取れる年金を66歳以降にもらうことを繰下げという。現在70歳まで繰下げることができる（法改正により2022年4月以降は75歳まで繰下げが可能となる予定）。受給が遅くなる分、増額した年金を受けることができる。増額率は1カ月あたり0.7%。70歳まで5年繰下げすると、

年金の「繰下げ」とは	42%（0.7%×60月）増額した年金を受け取ることができる。
繰上げ、繰下げは損か得か	・繰上げた場合、減額された状態が続くため、受給総額で考えると長生きすると損になる。反対に、繰下げは増額された状態が続くため、長生きするほど得になるといえる。
申請先	・年金事務所

●繰上げ・繰下げの受給率（受給率は、請求する月により1カ月単位で増減する）

【2022年3月まで】

	請求時の年齢	受給率
繰上げ	60歳	70%〜75.5%
	61歳	76%〜81.5%
	62歳	82%〜87.5%
	63歳	88%〜93.5%
	64歳	94%〜99.5%
	65歳	100%
繰下げ	66歳	108.4%〜116.1%
	67歳	116.8%〜124.5%
	68歳	125.2%〜132.9%
	69歳	133.6%〜141.3%
	70歳	142%

【2022年4月から（予定）】

	請求時の年齢	受給率
繰上げ	60歳	76%〜80.4%
	61歳	80.8%〜85.2%
	62歳	85.6%〜90%
	63歳	90.4%〜94.8%
	64歳	95.2%〜99.6%
	65歳	100%
繰下げ	66歳	108.4%〜116.1%
	67歳	116.8%〜124.5%
	68歳	125.2%〜132.9%
	69歳	133.6%〜141.3%
	70歳	142%〜149.7%
	71歳	150.4%〜158.1%
	72歳	158.8%〜166.5%
	73歳	167.2%〜174.9%
	74歳	175.6%〜183.3%
	75歳	184%

※繰上げ減額率0.4%が適用されるのは2022年4月1日以降60歳になる人

老齢厚生年金を受け取りながら
働くと年金が停止されることがある

| 対象 | 厚生年金加入中の人 | 制度 | 在職老齢年金 |

老齢厚生年金を受けている会社員等は、厚生年金に加入しながら働くと、在職老齢年金の仕組みにより年金が停止される場合があります。

「在職老齢年金」とは	・老齢厚生年金を受けている会社員や公務員は、厚生年金に加入しながら働くと、老齢厚生年金の額と給与の額に応じて、年金が一部または全額停止される場合がある。これを在職老齢年金という。 ・在職老齢年金の対象になるのは厚生年金加入者であるため、短時間労働者で厚生年金に加入しないで働く場合や自営業者は在職老齢年金の対象にはならない。
在職老齢年金の仕組み	・在職老齢年金の仕組みは、64歳までと65歳以降の2つに分けられる。 ・64歳までは、「老齢厚生年金の1カ月分」と「給与の1カ月分＋直近1年に受けた賞与の12分の1（総報酬月額相当額）」の合算額が停止の基準額「**28万円**」を超えると年金額の一部または全額が停止になる。 ・65歳以降の在職老齢年金は、停止の基準額が「28万円」から「**47万円**」に緩和され、64歳までと比べると年金が支給停止されにくくなり、受け取りやすくなる。 ・支給停止の対象になるのは、老齢厚生年金のみで老齢基礎年金は支給停止されず満額受け取れる。
法改正により65歳前は停止基準額が緩和予定	・法改正により、2022年4月からは、64歳までの支給停止の基準額「28万円」が、65歳以上の在職老齢年金制度と同じ「47万円」に引き上げられる予定。これにより、64歳までの人でも働きながら年金を受け取りやすくなる。

●64歳までの在職老齢年金 (2022年3月まで)

| 老齢厚生年金の1カ月分 | ＋ | 総報酬月額相当額 | ＞ 28万円 ➡ | 年金の一部または全額停止 |

支給停止となる仕組み

老齢厚生年金の1カ月分が28万円以下で総報酬月額相当額が47万円以下の場合、2つの額を合算した額から28万円を引いた額の半分が支給停止

例) 老齢厚生年金の1カ月分10万円、総報酬月額相当額が30万円

(老齢厚生年金10万円＋総報酬月額相当額30万円−28万円)
×1/2＝60,000円 (年金から停止される月額)

●65歳以降の在職老齢年金 (2022年4月以降は64歳までの人も対象)

| 老齢厚生年金の1カ月分 | ＋ | 総報酬月額相当額 | ＞ 47万円 ➡ | 年金の一部または全額停止 |

支給停止となる仕組み

老齢厚生年金の1カ月分と総報酬月額相当額の合算額が47万円を超えると、超えた額の半分が支給停止

例) 老齢厚生年金の1カ月分10万円、総報酬月額相当額が30万円

老齢厚生年金10万円と総報酬月額相当額30万円の合算額が47万円を超えないため、支給停止されない

例) 老齢厚生年金の1カ月分10万円、総報酬月額相当額が50万円

(老齢厚生年金10万円＋総報酬月額相当額50万円−47万円)×1/2
＝65,000円 (年金から停止される月額)

※老齢厚生年金とは、報酬比例部分をいい、加給年金、経過的加算は除く。
※総報酬月額相当額とは、給与 (標準報酬月額)＋直近1年間に受けた賞与の12分の1の額。

18歳までの子を残して死亡した場合は遺族基礎年金が支給される

| 対象 | 国民年金加入者の遺族 | 制度 | 遺族基礎年金 |

国民年金に加入していた人が死亡したとき、残された子と配偶者に遺族基礎年金が支給されます。

遺族基礎年金の受給条件	・国民年金に加入していた人が死亡した時、残された「子」または「子のある配偶者」は、「**遺族基礎年金**」が受け取れる。 ・「子」とは、18歳になって最初の3月31日まで。ただし1、2級の障害のある子は20歳まで。
死亡した人の要件	・死亡した人の要件は、死亡時に国民年金に加入中だった場合や25年以上年金制度に加入していた場合等。 ・死亡した人が国民年金に加入中だった場合はそれまでの保険料を2/3以上納付（免除を含む）していることが必要（または2026年3月末までの特例として死亡日の前々月からさかのぼった直近1年間に未納がないこと）。
受け取れる人の要件	・受け取れる人の要件は、死亡の当時死亡した人に生計を維持されていたこと。生計を維持とは、死亡した人と生計が同一であり、年収850万円未満の人が該当する。 ・子のいない配偶者は受け取ることができない。 ・受け取れる期間は子が18歳になって最初の3月まで（障害年金1,2級の子の場合は20歳になるまで）。
国民年金独自の給付	・国民年金に加入している人が死亡した場合、国民年金独自の給付として「寡婦年金」と「死亡一時金」がある。

国民年金 独自の給付	・寡婦年金は国民年金第1号被保険者としての納付が10年以上あり（免除を含む）、継続して10年間婚姻期間がある夫が老齢基礎年金をもらわずに死亡した場合、妻が60歳から65歳になるまで受給できる。 ・死亡一時金は国民年金の第1号被保険者として36ヶ月以上加入した人が死亡した場合、死亡した人と生計を同じくしていた①配偶者②子③父母④孫⑤祖父母⑥兄弟姉妹の順で優先順位の高い人が受け取れる
請求先	年金事務所または市区町村

●遺族基礎年金の金額（2020年度額）
子のいる配偶者の場合

	基本額	子の加算	合計
子が1人	781,700円	224,900円	1,006,600円
子が2人	781,700円	224,900円×2	1,231,500円
子が3人	781,700円	224,900円×2+75,000円	1,306,500円

※子が4人以上の時は一人ごとに75,000円がプラスされる
※合計額を配偶者が受給する。

子のみの場合

	基本額	2人目以降の加算額	合計
子が1人	781,700円	——	781,700円
子が2人	781,700円	224,900円	1,006,600円
子が3人	781,700円	224,900円+75,000円	1,081,600円

※子が4人以上の時は一人ごとに75,000円がプラスされる。
※子1人あたりの受給額は、上記の合計額を子の数で割った額となる。

●国民年金独自の給付

	寡婦年金	死亡一時金
年金額	夫が受けることのできた老齢基礎年金の3/4の額	死亡した人の国民年金保険料の納付により120,000円〜320,000円
支払われる期間	妻が60歳から65歳になるまで	一時金

※寡婦年金と死亡一時金は両方受けることはできないため、どちらかを選択する。

遺族厚生年金をもらえる遺族の範囲は広い

| 対象 | 厚生年金加入者の遺族 | 制度 | 遺族厚生年金 |

厚生年金に加入していた人が死亡した場合、残された遺族は遺族厚生年金を受給することができます。

遺族厚生年金の受給条件	・厚生年金に加入していた人や老齢厚生年金を受け取っている人が死亡した時、残された遺族に、「**遺族厚生年金**」が支給される。
死亡した人の要件	・死亡した人の要件は、下記のいずれかに該当していること ①死亡時に厚生年金に加入中だった ②厚生年金加入中の傷病が原因で5年以内に死亡した ③1級または2級の障害厚生年金を受給していた ④老齢厚生年金を受け取れる、または受給資格期間を満たした（25年以上年金制度に加入していた） ・ただし死亡した人が上記①②に該当していた場合は遺族基礎年金と同様、一定以上保険料の納付期間が必要（196ページ参照）。
受け取る人の要件	・遺族厚生年金を受け取れる遺族は、死亡した人に生計を維持されていた1.配偶者と子、2.父母、3.孫、4.祖父母の順で優先順位の高い人が受け取れる。 ・生計を維持とは、死亡した人と生計が同一であり、年収850万円未満の人が該当する。 ・妻だけは年齢要件がないため何歳でも受給できるが、夫、父母、祖父母は55歳以上でなければ受給する権利が発生せず、また受給できるのは60歳からとなる。 ・子、孫は、18歳になって最初の3月31日まで。ただし1、2級の障害のある子、孫は20歳になるまで。

子がいる場合は遺族基礎年金も受給できる	・死亡した人に、18歳になって最初の3月31日までの子または1、2級の障害のある20歳までの子がいる場合は、遺族厚生年金とあわせ遺族基礎年金も受給できる。
子のいない妻には中高齢寡婦加算が支給される	・厚生年金に20年以上加入した夫が死亡し、遺族厚生年金を受給できる妻が、下記いずれかに該当する場合は、遺族厚生年金とあわせて「中高齢寡婦加算」が支給される。 ①夫の死亡時に40歳から65歳未満で、子がおらず遺族基礎年金を受け取れない ②遺族基礎年金と遺族厚生年金を受給していたが、子が18歳の年度末（障害の子の場合は20歳）になったため遺族基礎年金が受け取れなくなった ・「中高齢寡婦加算」の金額は586,300円（2020年度額）で妻が65歳になるまでもらうことができる。
請求先	年金事務所

●遺族厚生年金の額

●遺族厚生年金の額は、生前に納めた厚生年金保険料総額に基づいて計算された金額（報酬比例部分）の3/4（①＋②の額）

①2003年3月までの厚生年金加入期間で計算

平均標準報酬月額（賞与を含めない） × 7.125/1000 × 加入月数 × 3/4

②2003年4月以降の厚生年金加入期間で計算

平均標準報酬月額（賞与を含める） × 5.481/1000 × 加入月数 × 3/4

※厚生年金加入中の死亡の場合、加入月数が300月に満たない場合は300月加入したとみなして計算される。

故人が受け取っていない年金は未支給年金として遺族に支給される

| 対象 | 年金受給者の親族 | | 制度 | 未支給年金 |

年金は死亡した月の分まで支給されますが、年金受給者が死亡した場合、未払いの年金を遺族が未支給年金として請求できます。

未支給年金とは	・未支給年金とは、死亡した人に支払われるべき年金であってまだ支払われていないものをいう。 ・年金は、死亡した月の分まで支払われるが、偶数月に前の2カ月分が振り込まれる「後払い」であるため、死亡後に本人に支払うことのできない「**未支給年金**」が発生する（老齢年金だけでなく障害年金、遺族年金の受給者にも未支給は発生する）。 ・例えば4月に死亡した場合、4月に振り込まれる年金は2月及び3月分であるが、4月分の年金は死亡後に本人には振込できないため、遺族が請求することとなる。
未支給年金を請求できる遺族とは	・未支給年金を請求できる人は死亡者と生計を同じくしていた遺族でその範囲と順位は下記の通り。 ①配偶者　②子　③父母　④孫　⑤祖父母　⑥兄弟姉妹　⑦その他3親等内の親族。 ・「生計を同じくしていた」とは、同居していなくても、仕送りなど経済的な援助や定期的に音信が交わされている場合であれば該当する。
請求方法	・「未支給年金・未支払給付金請求書」（死亡届と2部複写式）を年金事務所に提出する。 ・遺族年金を請求できる遺族がいる場合は、遺族年金請求書とあわせて未支給年金請求書を提出する。 ・死亡した人と請求する人が同居していなかった場合

請求方法	は別途「生計同一関係に関する申立書」の提出が必要となる。 ・請求が遅れると、権利のない分の年金が死亡者に年金が振り込まれ、あとで返す必要が生じることがあるため、速やかに請求する。

●未支給年金・未支払給付金請求書

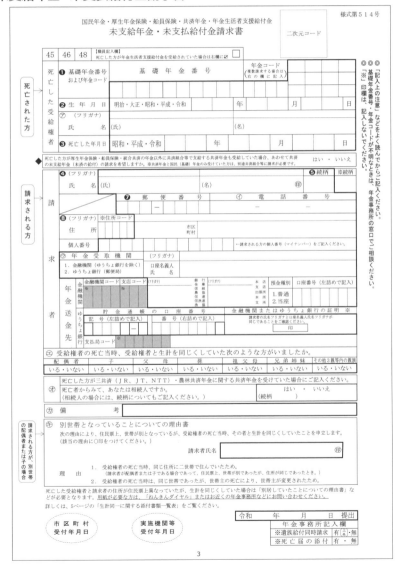

所得が少ない年金受給者に「年金生活者支援給付金」が支給される

| 対象 | 基礎年金受給者 | 制度 | 年金生活者支援給付金 |

年金収入額や所得が一定以下の年金受給者の生活を支援するため「年金生活者支援給付金」が年金に上乗せして支給されます。

年金生活者支援給付金とは	・年金生活者支援給付金制度は、2019年10月の消費税引き上げにあわせて実施された制度で、消費税率引き上げ分を活用し、公的年金の収入や所得が一定以下の年金受給者の生活を支援するために年金に上乗せして支給される。 ・年金生活者支援給付金は下記の3種類ある。 （1）老齢（補足的老齢）年金生活者支援給付金 （2）障害年金生活者支援給付金 （3）遺族年金生活者支援給付金

●年金生活者支援給付金の対象者と支給額

	対象者	支給額（2020年度）
（1）老齢（補足的老齢）年金生活者支援給付金	以下のすべての要件を満たしている人 ・65歳以上の老齢基礎年金の受給者 ・同一世帯の全員が市町村民税非課税 ・前年の公的年金等の収入金額とその他の所得との合計額が879,900円以下	月額5,030円を基準に保険料納付済期間等に応じて算出される
（2）障害年金生活者支援給付金	以下のすべての要件を満たしている人 ・障害基礎年金または遺族基礎年金の受給者 ・前年の所得が4,621,000円＋扶養親族の数×38万円以下	障害等級2級：5,030円（月額） 障害等級1級：6,288円（月額）
（3）遺族年金生活者支援給付金		5,030円（月額） ※2人以上の子が遺族基礎年金を受給の場合は、5,030円を子の数で割った額がそれぞれに支払われる。

※障害・遺族年金の非課税収入は年金生活者支援給付金の判定に用いる所得には含まない。

●老齢（補足的老齢）年金生活者支援給付金の計算式（2020年度額）

$$5{,}030円 \times \frac{保険料納付済期間}{480月} + 10{,}856円^※ \times \frac{保険料免除期間}{480月}$$

※保険料全額免除、3/4免除、1/2免除の場合。1/4免除は5,428円で計算。

老齢 （補足的老齢） 年金生活者 支援給付金の 留意事項	・老齢（補足的老齢）年金生活者支援給付金は、480月納付済みであれば月額5,030円上乗せされる。納付済月数が少なければ給付金も減額となる。ただし、政策的な配慮から、保険料免除期間が多いほど給付金が多くなっている。 ・本人の収入額が要件を満たしていても、同居する家族に市町村民税を課税される程度の収入があれば、給付の対象とはならない。
請求方法	・年金生活者支援給付金の支給対象者となりえる人に対して、日本年金機構から「年金生活者支援給付金請求書」が送付される。氏名などを記入して住所地の年金事務所に提出する。 ・これから基礎年金を請求する人は、基礎年金の請求書と一緒に提出する。 ・市町村から提供を受ける所得情報等により、年金生活者支援給付金の支給要件を満たしているかを日本年金機構が判定する。そのため、課税証明書等の添付は不要。 ・一度請求をして条件が変わらなければ、2年目以降、支給要件を満たしている限り手続きの必要はなく続けて支給される。 ・支給要件を満たさなくなった場合、「年金生活者支援給付金不該当通知書」が送付され、年金生活者支援給付金は支給されなくなる。

さくいん

た

■著・監修
溝口知実（みぞぐち　ともみ）
特定社会保険労務士、ファイナンシャルプランナー
溝口労務サポートオフィス代表　http://www.mizoguchi-sr-office.jp
社会保険労務士事務所勤務等を経て平成26年開業。働く人が生き生きと明るく仕事が
できる環境づくりを目指し、企業の抱えるあらゆる「人」に関する問題解決に取り組む。
主な業務は人事労務のコンサルティング、就業規則作成、労働・社会保険関連の手続き、
年金相談、執筆、セミナー講師等。主な執筆に『夫婦ではじめる快適老後の生活設計』（監
修協力・自由国民社）、『夫に先立たれた9年間を幸せに生きる妻の本』（著・監修・自由
国民社）などがある。

すぐにもらえるお金と使えるサービス

2021年3月12日　　初版第1刷発行

著・監修	溝口知実
発 行 者	伊藤　滋
発 行 所	株式会社 自由国民社
	〒171-0033　東京都豊島区高田3-10-11
	電話（営業部）03-6233-0781　（編集部）03-6233-0787
	振替 00100-6-189009
	ウェブサイト　http://www.jiyu.co.jp/
印　　刷	大日本印刷株式会社
製　　本	新風製本株式会社
編集協力	株式会社耕事務所
執筆協力	関みなみ
本文デザイン	石川妙子
本文イラスト	山下幸子
カバーデザイン	JK